高中生涯规划与志愿填报指南

连榕 —— 主编

编 委 会

主　　　编：连　榕
副 主 编：孟迎芳　林荣茂
执 行 主 编：白利莉
执行副主编：彭晓君
编 写 人 员：（按姓名拼音排列）
　　　　　　　白利莉　陈　菡　陈丽萍　陈　彦　彭晓君
　　　　　　　吴镔镔　肖家琪　庄凯琪

致同学们

亲爱的同学们：

当你们完成了高中阶段的教育后，将迎来高考和新的人生阶段。为此，今天的你就面临着如何选科、将来如何填报高考志愿、如何确定自己的职业目标等新的问题，这些都是关系到同学们未来的人生发展和幸福生活的重要问题。如何选择取决于你对自己是否有充分的认识，是否了解自己的兴趣爱好、性格特点、能力倾向和价值观等，也取决于你是否对各种升学政策、高校、专业和职业做了必要的探究，了解你的个人特质与未来专业和职业的关系等。生涯规划课程将在你求索前行的道路上一路相伴，帮助你为将来的生涯发展做好准备。我们给你带来的每一课都包括以下四个栏目：

生涯探问：通过生涯相关问题，引发你对本课主题的初步思考。

生涯求知：介绍生涯相关理论知识，为你的生涯发展提供指引。

生涯践行：带领你将知识融于实践，通过不断探索让梦想越发清晰。

生涯成长：给你一份"生涯攻略"，请带着这份攻略继续勇敢前行。

如果同学们能用心上好生涯规划的每一课，相信你们能够更好地把自己的未来与时代的发展相结合，更好地实现自己的人生价值。祝同学们"长风破浪会有时，直挂云帆济沧海"！

目 录

第 1 课　开启生涯之旅 …………………………………… 1

第 2 课　我的兴趣密码 …………………………………… 8

第 3 课　能力星光照我行 ………………………………… 22

第 4 课　揭秘职业价值观 ………………………………… 36

第 5 课　多面一体的我 …………………………………… 45

第 6 课　善用生涯资源 …………………………………… 53

第 7 课　升学路径知多少 ………………………………… 62

第 8 课　合理选科不盲目 ………………………………… 72

第 9 课　专业探索大发现 ………………………………… 81

第 10 课　下一站，高校 …………………………………… 91

第 11 课　走进职业大观园 ……………………………… 100

第 12 课　生涯决策金字塔 ……………………………… 109

第 13 课　高考志愿那些事 ……………………………… 121

第 14 课　生涯航行有目标 ……………………………… 134

第 15 课　敬业为生涯护航 ……………………………… 142

第 16 课　拥抱生涯不确定性 …………………………… 148

第1课　开启生涯之旅

生涯探问

关于生涯规划的讨论

近日，一则针对高中生是否需要进行生涯规划的网络帖子引起了各地网友的热烈讨论。

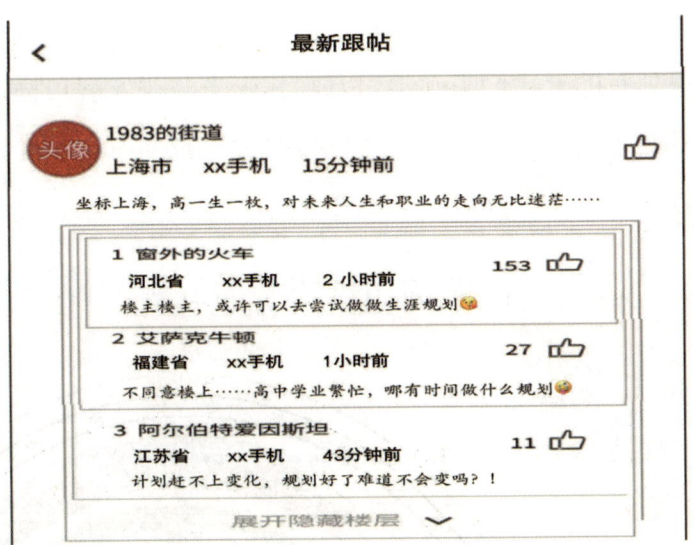

对于帖子中网友们的不同看法，你怎么看？

生涯求知

新高考背景下的生涯规划

"生涯"一词指人一生中依序发展的各种职业和生活角色。生涯规划则是指结合自身情况（如个人的能力、个性、价值观以及可能遇到的阻力和助力等），尽可能规划未来的生涯发展，并且按步骤积极地实现所规划的目标。生涯规划并不完全等于职业规划，它还包括学业规划、专业规划和人生规划。作为高中生，为了避免陷入上面发帖人的迷茫状态，就需要进行生涯规划。做好高中三年及更长远的生涯规划，可以帮助我们在高中阶段做好选科、学考的安排，找到适合自己的升学方式，并根据自身性格、兴趣、能力、价值观及职业的设想填报志愿，最后实现自己的人生理想，达到想要的人生高度。

在新高考改革背景下，生涯规划体现出更重要的意义。以福建省2021年起开始试行的"3+1+2"新高考政策为例，除必考的语文、数学、外语三门科目之外，还要在物理和历史两门科目中选择一门，在化学、生物、地理、政治四门科目中选择两门作为高考科目，所选科目会影响下一阶段大学专业的选择。高中阶段进行生涯规划有助于我们明确学习方向和未来职业发展目标，并根据目标倒推，提前锁定专业范围，从而确定选考科目组合，找到所学所爱，以激发学习动力，提升学习效率。

舒波的生涯发展理论

舒波（Donald E. Super）是全球极具影响力的生涯发展研究者。他用一张绚丽的"生涯彩虹图"将人的一生勾勒出来。

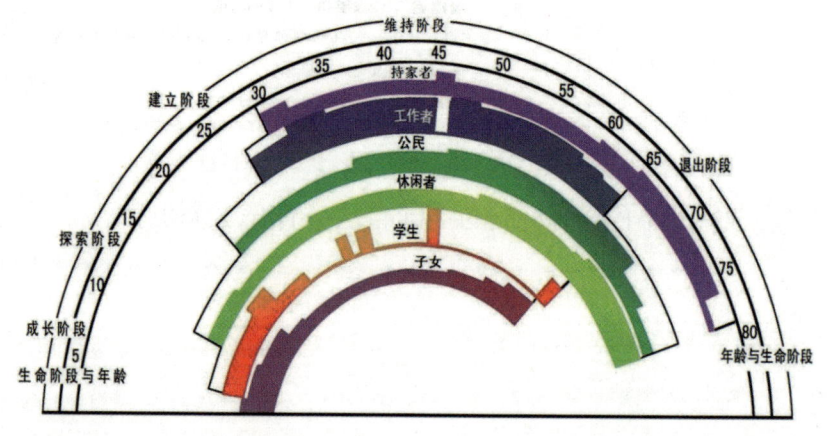

上图中不同的色彩代表人在一生中的各种角色,包括子女、父母、公民、工作者等。彩虹外围则显示了人生主要的发展阶段和大致年龄。按照时间顺序,分为成长、探索、建立、维持和退出五个阶段。每个阶段都有其主要任务(见下表),适时地完成各阶段的任务,才是生涯成熟的表现。

生涯发展的主要阶段及阶段任务

生涯阶段	年龄区间	主要任务
成长阶段	0~14岁 孩童期	在家庭或学校与重要他人的认同过程中,逐渐发展自我概念,即初步认识自我,发展起对工作的正确态度,了解工作的意义。
探索阶段	15~24岁 青少年与青年期	在学校、休闲活动及打工经验中,进行自我探索、角色探索与职业探索,即深入探索自己,发展起对自己清晰正确的认识,广泛地探索专业和职业等外部世界,形成具体的升学选择与职业选择。
建立阶段	25~44岁 青壮年期	确定适当的职业领域,逐步建立稳固地位,即找到机会从事自己想要做的事,学习与他人建立关系,寻求专业的精进,逐步进入稳固的职业发展。
维持阶段	45~65岁 中老年期	全力维持现有的成就地位,接受自身局限,同时积极应对新的挑战,找出在工作上的难题,学习新技巧,专注本职工作。
退出阶段	66岁后 老年期	身心状态逐渐衰退,从原有工作上退出,寻求不同的满足方式以弥补退休的失落,如发展新的角色、学习适合于退休人士的活动,做以前一直想做的事。

生涯践行

活动一:生涯小盘点

从上面的表格可以了解到,高中时期的我们进入生涯发展的第二个阶段——探索期,面临着新的生涯发展任务。要想从上一个生涯发展阶段顺利过渡到新的阶段,做好迎接新任务的准备,我们可以先试着反思过去、总结经验。就让我们一起通过下面的表单做个小盘点,来看一看上一阶段的生涯发展任务我们完成得怎么样。

生涯发展小盘点

1. 我发现，我对这样的事情/职业比较感兴趣：_____
   _____

2. 我对自己的能力有这样的看法：_____
   _____

3. 我期望未来的工作能给自己带来这些方面的满足：_____
   _____

4. 到目前为止，我认为可能适合自己的职业有：_____
   _____

5. 在前面的生涯阶段中，我曾通过以下这些方式来获得以上相关认识。
   □查阅网络、书籍获得信息　□请教师长　□与同学朋友讨论交流　□向偶像、榜样学习　□积极参加校内外实践活动　□其他：_____

　　对上一阶段生涯发展的盘点和整理，让我积累了一些经验，也让我看到了可以做得更好的地方。探索阶段已经不知不觉到来，那么，我们可以从何处入手，去开始后续的发展任务呢？

　　同学们，我们回头去看过去的自己，就是自我反思和总结，这正是进入下一个阶段，开始新的改变和成长的基础。接下来，就让我们借助积极畅想，去看看未来、拥抱现在吧！

活动二：体验时空旅程

　　过去、现在、未来是自然相承的。过去是现在的基础，现在是未来的准备。畅想未来，可以促使我们把握现在，不懈追求，并有所收获；紧握现在，则让我们适应变化，主动规划，并奔向心之所向的未来。现在让我们一起进行一次时空旅程，畅想未来、看到未来吧！

第1课 开启生涯之旅

请你闭上眼睛，想象一下：此时我们正坐在时空穿梭机里，奔向徐徐铺开的未来世界，我们看到的是纷纷启航的梦想正在一步步实现。15年后的你，睁开眼醒来，看到那些心之所向纷纷成真，有下面这些细节值得记录：

十五年后的一天

我看到天花板的颜色是 _____
我穿的衣服样式是 _____
和我一起吃早餐的人是 _____
我住的房子是 _____
我乘坐的交通工具是 _____
我从事的职业是 _____
我的工作环境是 _____

同事们对我的称呼是 _____
我上午的工作内容是 _____
和我一起吃中餐的人是 _____
我下午的工作内容是 _____
我的休闲娱乐活动是 _____
和我一起吃晚餐的人是 _____
对于一天的工作与生活，我的感受是：
_____

忆一忆：在这趟时空穿梭旅程中，你印象最深刻的画面是什么？这个画面中还包含着哪些重要信息？

说一说：你对这趟未来之旅有什么感受？如果按照现有的人生轨迹发展下去，若干年后，你能变成未来之旅中的自己吗？

在这趟时空旅程中，我遇见了未来，简直不虚此行。但这些目前只是美好的幻想，我该如何把握住现在我能做的，而不使这些幻想变成消失的泡沫呢？

活动三：未来生涯初体验

探索阶段的每一个梦想，都是对美好未来的憧憬和渴望。看到未来的梦想，能帮助我们了解当下自己能做的、可做的事情。为了不让梦想变成一晃而过的幻想，我们要主动地进行自我探索和人生规划，然后把握当下，做好准备，奔赴未来。

当然，实现梦想的过程中必然伴随着挑战。就像在生命之海中，你驾着一叶扁舟向着色彩缤纷的生涯目标前行，一路上你不可避免地会遇到一次又一次的惊涛骇浪。那么如何才能不惧浪潮，牢牢握紧船舵，向着未来的目标不断靠近呢？首先，我们先思考并回答下面3个问题。

1. 当下你最想达成的生涯目标是什么？高中、大学等不同阶段想要达到的生涯目标又是什么？

_____
_____

2. 在你靠近不同阶段生涯目标的过程中，可能会遇到哪些挑战？

_____
_____

3. 你会采取什么对策来应对遇到的挑战？

_____
_____

当我们主动思考与预设了生涯发展道路上的各种挑战，我们要做哪些准备来积极应对呢？

"蝴蝶飞呀飞"模型正是收集未来梦想与现实行动的口袋，里面装着你奔赴未来的自我储备。该模型的左边翅膀是"梦想翅膀"，代表着你计划去实现的各阶段预期目标；模型的右边是"行动翅膀"，代表着你在达成目标过程中的计划或者打算采取的行动。请根据上面3个问题的答案，绘制专属于自己的"蝴蝶飞呀飞"模型。

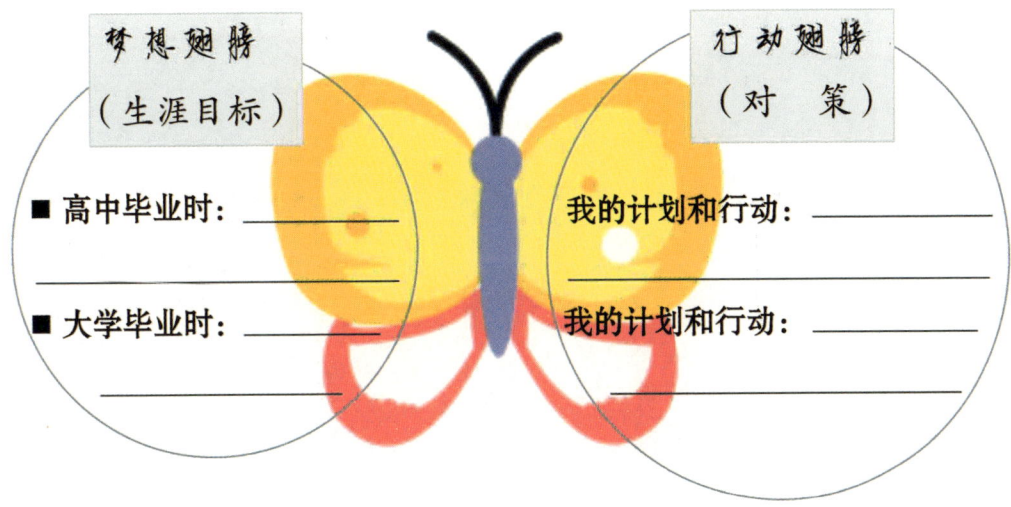

梦想翅膀
（生涯目标）

■ 高中毕业时：_____
_____
■ 大学毕业时：_____
_____

行动翅膀
（对策）

我的计划和行动：_____
_____
我的计划和行动：_____
_____

生涯成长

生涯攻略

> 主动寻找方向、进行生涯规划，才能更好地把握未来。
> 看见未来并把握当下，能够帮助我们实现人生的梦想。
> 要想梦想变成现实，现在的计划和行动很重要。

我的名人故事集

每个人都是自我生涯的主动塑造者，同时每个人的生涯发展是独一无二的。但在规划生涯发展、迎接挑战并接近目标的过程中，除了自我意志力的参与，也不妨有各领域名人事例的鼓励和引领。请你在日常生活中注意收集名人生涯故事，并反思、记录该事例给你的启发，来制作专属于自己的名人生涯故事集吧！

第2课 我的兴趣密码

生涯探问

兴趣众生相

以下三封信来自已经高中毕业的学长学姐,他们在心理中心的树洞箱中表达了自己的困惑——

第一封:张学长

学历信息:被家乡大学的计算机应用技术专业录取。

提问:这个专业是父母帮我选的,说是很热门、好就业。可是计算机语言、数据库系统等这些课程我只觉得是天书,我毫无兴趣。可是我也不清楚自己到底喜欢什么,我太痛苦了!

第二封:李学长

学历信息:清华大学法学院本科、金融学硕士研究生、新闻与传播学博士。

提问:我本、硕、博期间攻读了不同的专业,每个专业我都很感兴趣,同时也付出了很大的努力,现在临近毕业,我不知道该选择哪个行业作为我以后的职业。

第三封：祝学姐

学历信息： 目前就读省属师范院校音乐教育专业。

提问： 我小时候很喜欢唱歌，后来发现自己也很喜欢接触小朋友，所以没多想就选择了能当音乐老师的专业。可是我学习这个专业后，感觉没有当初那么有兴趣了，想转专业。我现在对建筑设计挺感兴趣，又觉得未来在图书馆工作也不错……我好纠结。

这几位学长学姐分别遇到了什么问题？对此，你有什么看法？

生涯求知

兴趣与生涯：热爱可抵岁月漫长

"知之者不如好之者，好之者不如乐之者。"孔子的这句话强调了兴趣的重要性。而以上来信求助的学长学姐们之所以在选择专业、职业上感到痛苦、迷茫和纠结，正是因为对自身的兴趣爱好不够了解，没有处理好兴趣与生涯的关系。

那么，什么是兴趣呢？在生活中、学习中，有一些事情深深地吸引着你，让你忘记疲惫，让你废寝忘食，在做这些事情的过程中，你体会到乐此不疲的热情与酣畅淋漓的畅意，这就是兴趣的体现。心理学将兴趣定义为一个人积极探究某种事物及爱好某种活动的心理倾向。兴趣是引起和维持人的注意力的一个重要因素，推动着我们去认识事物、探索真理，成为我们追求理想的重要动力。

兴趣的动力作用不仅仅体现在当下的某一具体事物上。用发展的眼光看待兴趣，我们会发现，兴趣与人的生涯发展存在紧密的连接。人的一生会经历多种角色。每种角色都会承担不同的人生任务，例如作为学生，我们需要学习科学文化知识、培养全面发展的综合素质；作为工作者，我们需要择业、就业等。当兴趣聚焦在工作上，就形成职业兴趣，它是与工作有关的人格特征的一种表现。大量研究表明，当个体所从事的职业与自身职业兴趣越一致，就越容易获得较高的工作满意感、职业稳定性和职业成就。倘若人们对某种事物或工作感兴趣，就会积极愉快地去探究和完成。如果我们在不同生涯阶段都能接触或从事自己感兴趣的事物或工作，那么我们的人生会具有更强烈的幸福感。

因此，兴趣就如同生涯航程中的燃料，使我们探索前行的航船始终保有熊熊燃烧的动力。如果你能觉察和认识自己的兴趣，并在探索过程中有意识地挖掘兴趣能量，同时将其与未来发展相结合，定能避免出现像张学长那样不知所好的痛苦心境，也定能将那些初期只闪现荧荧之火的兴趣点亮成为昭昭之光，来日终将唱成绕梁三日的久久回响。下面就让我们通过生涯践行里的活动探索职业兴趣，发现热爱展望未来吧！

生涯践行

活动一：岛屿度假计划

第一环节：假设你有 7 天时间来一场度假之旅，现在有六个各具特色的岛屿供你选择，你会选择去以下哪三个岛屿度假呢？你选择的原因是什么？

R 自然原始岛
岛上自然生态良好，有各种野生动植物，居民以手工见长，自己种植花果蔬菜、修缮房屋、打造器物、制作工具，喜欢户外运动。

I 沉思冥想岛
有多处图书馆、科技馆及博物馆，居民喜欢观察、思考、分析，崇尚和追求真知，常有机会和来自各地的哲学家、科学家等交换心得。

A 美丽浪漫岛
充满了美术馆、音乐厅、酒吧、街头雕塑和街头艺人，弥漫着浓厚的艺术气息。居民喜欢舞蹈、音乐与绘画，天性浪漫热情。

S 友善亲切岛
居民个性温和、友善、乐于助人，岛上的人们建立了一个密切互动的服务网络，人们重视互助合作，重视教育，关怀他人，充满人文气息。

E 显赫富庶岛
居民擅长企业经营和贸易，能言善道。经济高度发展，处处是高级饭店、俱乐部、高尔夫球场，来往者多是企业家、经理人、政治家、律师等。

C 现代井然岛
岛上都是高科技建筑，具有现代化的都市形态，以完善的政务、金融管理见长。岛民冷静保守，处事有条不紊，善于组织规划，细心高效。

1. 我最想去的是＿＿＿＿岛，原因是＿＿＿＿＿＿＿＿＿＿＿＿＿；

2. 其次想去的是_____岛，原因是_____；
3. 第三想去的是_____岛，原因是_____。

哇！这些岛屿都很吸引我，我很快选出了三个我最想去的岛屿并写下原因。但是我的选择纯凭喜好，这和职业兴趣有什么关系呢？

恭喜你能够顺利地凭着自己的爱好选择出岛屿！请不要着急，让我们一起进入第二环节，去探索与职业兴趣相关的内容吧！

第二环节：请注意！岛屿度假计划升级，要求你选择一个岛屿，并在这个岛上待满五年时间，并按照该岛岛民的生活方式去生活。

此外，这些岛屿相对封闭和遥远，一旦到达，将很少有机会能与外界联系，因此五年之内无法更换岛屿。

想一想

1. 为了在岛上生存下去，你可能会从事的工作是_____；你平时在岛上主要会做的事是_____。

2. 五年之后，如果有重新选择的机会，你想更换岛屿生活吗？如果是，你想更换的岛屿是_____，还想去的是_____。

在第一环节中，你完全凭借喜好做出选择，但在第二环节中，你已经开始思考如何把自己的喜好与工作联系起来。实际上，这六大岛屿正是取自美国心理学家约翰·霍兰德所提出的职业人格类型理论，该理论能够帮助我们将兴趣与职业联系起来，从而避免像李学长那样兴趣广泛却无热爱之业的迷茫状态。下面让我们进一步了解这一理论吧！

霍兰德的职业兴趣类型

约翰·霍兰德认为社会上的职业可以分为六大类型，相应的，人也可以分为同样的六种类型，即：实际型（Realistic）、研究型（Investigative）、艺术型（Artistic）、社会型（Social）、企业型（Enterprising）和事务型（Conventional）。由于这些不同类型的人之间的差异突出体现在职业兴趣上，因此也可以说职业兴趣分为这六种类型。活动一中要去度假的六大岛屿的特征正与六种职业兴趣类型一一对应。下面的表格列出了每种职业兴趣类型对应的人格特质、喜欢的活动以及代表性职业。

职业兴趣类型	人格特质	喜欢的活动	代表性职业
实际型（R）	➢ 节俭、重视物质 ➢ 坦诚直率 ➢ 耐心稳重 ➢ 喜动手操作	喜欢讲求实际、动手操作的工作环境，生活中注重实用，重视眼前的事多于未来想象；对需要技术、体力的活动表现出兴趣。	➢ 机械制造业 ➢ 农业、林业、渔业 ➢ 设备维修师 ➢ 特种工程师
研究型（I）	➢ 善于观察思考 ➢ 爱好推理分析 ➢ 严谨慎重 ➢ 独立、好奇	喜欢独立地探索、研究、理解和思考抽象问题，独立自主处理某些观点、信息和理论，偏爱不太需要处理复杂人际关系的环境。	➢ 科研工作者 ➢ 精算系统设计师 ➢ 计算机程序设计师 ➢ 天文学家
艺术型（A）	➢ 善于创造表达 ➢ 想象丰富 ➢ 直觉强烈 ➢ 情感丰富	喜欢借助文字、声音、色彩等形式去表达对美的感受，喜欢无拘无束富有创意的工作环境，喜欢创造新事物。	➢ 戏剧表演者 ➢ 媒体工作者 ➢ 创意设计师 ➢ 作曲家
社会型（S）	➢ 善于观察、内省 ➢ 关心他人感受 ➢ 社会责任感强 ➢ 乐于助人	喜欢了解和倾听他人，也愿意付出时间和精力解决他人的问题；喜欢帮助他人，不喜欢竞争；交友广阔，关心、理解他人。	➢ 教师 ➢ 心理咨询师 ➢ 社会工作者 ➢ 医护人员

续表

职业兴趣类型	人格特质	喜欢的活动	代表性职业
企业型（E）	➢ 充满自信 ➢ 精力旺盛 ➢ 喜冒险竞争 ➢ 喜发表意见	喜欢领导和影响别人，社交能力强，善于沟通协调；做事有计划并能立刻行动，不以现阶段的成就为满足。	➢ 政治家 ➢ 企业管理者 ➢ 公关人员 ➢ 律师
事务型（C）	➢ 追求秩序感 ➢ 有责任感 ➢ 善于整理归纳 ➢ 保守、仔细	喜欢在清楚规范的环境下工作，做事高效、精确、仔细、可靠，不喜欢改变或创新，不喜欢冒险或领导别人，能够接受被安排。	➢ 秘书 ➢ 档案文书 ➢ 银行职员 ➢ 信息管理人员

（注：各类型括号内字母取自英文单词首字母，为该类型的代码）

霍兰德认为，个人的职业兴趣类型与其所在专业/职业环境类型一致时，更容易对专业/工作感到满意和取得好成绩。而一个人的兴趣通常不止一种类型，可以用他最突出的两三种兴趣类型的首字母组成代码（称为霍兰德代码）来表示他的兴趣特征。其中首位代码代表一个人最主要的兴趣类型，一般较稳定，需要在生涯规划中得到重点满足。后两位代码相对容易变化，个体需求程度没有首代码强烈。得到自己的霍兰德代码后，我们可以通过查阅相关资料（例如本课最后附的拓展资料），看看哪些专业和职业与自己的兴趣代码较为匹配的，然后进一步探寻适合自己的发展方向。

此外，这六种类型之间存在一定联系，霍兰德用六边形来表示其关系（如下图所示）。在六边形中，两种类型的距离越近，则意味着它们之间越相似。

例如，实际型和研究型的人都偏好不需要复杂人际交往的环境，具有较高相似性，这两种类型在六边形中就处于相邻的位置。因此，若你的第一、第二位代码对应的类型在六边形中距离越近，表示你内在兴趣的同质性越高。

再比如事务型和艺术型，一个偏好保守、规范、有条理，一个则追求自由、创意、新事物，可谓大相径庭，这两种类型在六边形中距离最远。若你的前两个代码距离较远，可能你的兴趣较为分散，那么可以结合自身的能力、价值观等方

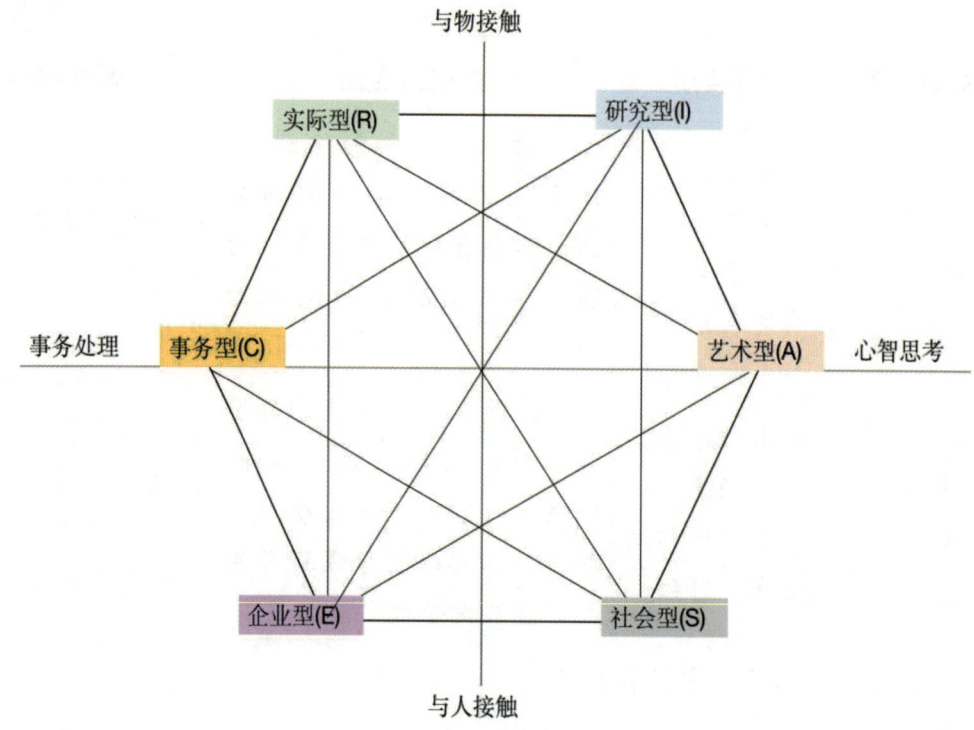

面综合考虑适配的发展方向，或者结合社会需要看看是否有一些职业能够尽可能符合自己多方面的兴趣。

后来，相关学者又发现霍兰德的六边形结构下潜藏着两个双极维度：一个维度为"事务处理"与"心智思考"。其中事务处理指对零散的数据、资料进行分析整理，进而组织成有意义的信息；心智思考则是指通过脑力激荡，发挥创意，创造新的事物。越偏好心智思考方向的人，越不遵循既有规律，脑中想法不断，并喜欢将内心的感受以前所未有、独特的方式展现出来。另一个维度为"与人接触"和"与物接触"，即自己平常热爱的活动更多涉及与人打交道，还是与物打交道。这两个维度构成一个二维坐标，六种兴趣类型在坐标中的位置如上图所示。

这个二维坐标可以帮助我们更直观、更细致地探索自己的职业兴趣。接下来就让我们通过下一个活动尝试一下吧！

活动二：我的兴趣坐标

列一列：在下表中相应位置上尽可能多地写出：1. 你喜欢做的事或曾带来愉快体验的事。2. 喜欢或曾经梦想过的职业。

我喜欢/令我愉快的事：
① _____
② _____
③ _____
④ _____
⑤ _____
⑥ _____
⑦ _____
⑧ _____

我喜欢/梦想的职业：
a. _____
b. _____
c. _____
d. _____
e. _____
f. _____
g. _____
h. _____

标一标：面对上面列出的你喜欢的每件事和每个职业，仔细思考它为什么吸引你。当你愉快地从事这件事/这个职业时，你更多的是在进行事务处理还是心智思考？是在与人接触还是与物接触？根据你的思考，确定这件事/这个职业在坐标图上的位置，标示在下面的坐标图中。

在动手之前，你可以先参考郭娜的例子，看看她是怎么思考和标示的。

我列出的第一件喜欢的事是唱歌。

唱歌虽然一般按固有曲调去唱，但我唱歌时喜欢尝试不同的声音处理方法，并尽可能表达出我对歌曲情感的理解，所以，在横坐标上我觉得它的位置应该偏向右侧"心智思考"，如果中间原点是0分，让我从 -5 到 5 打分的话，我会打 3 分。

另外，我既喜欢一个人唱歌自娱自乐，也喜欢在舞台上唱给大家听，相比而言，更喜欢在舞台上面对许多观众的感觉，所以，在纵坐标上我觉得它应该稍稍偏向下方"与人接触"，如果从 -5 到 5 打分的话，我会打 -1 分。

综上，我把"唱歌"这个爱好和它相应的代码序号①标示在图中（3，-1）这个坐标点上，如下图所示。

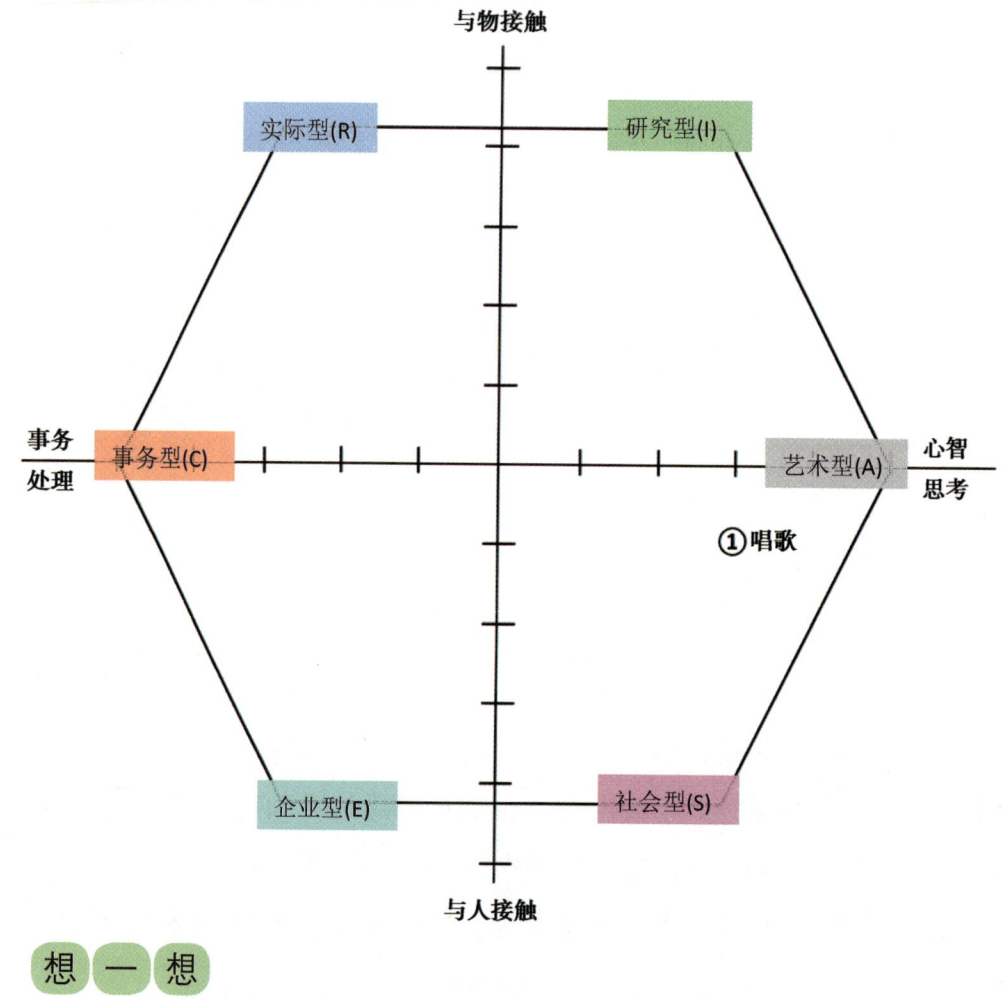

想一想

标示完后，认真观察一下：你喜欢的事和理想职业大多分布在图中哪个区域？它们之间有什么联系或相似的地方？你有什么新的发现？

_____
_____

活动三：兴趣进阶锦囊

在前面的活动一中，我们直面内心的热爱，了解到个人喜好所关联的人格特质与适合职业等。在活动二中，我们觉察、整理喜好背后的心理指向，更明白了自己的兴趣所在。不过，祝学姐的例子也让我们看到，兴趣不一定都能转化为未来的专业和职业。想要在生涯道路上发挥兴趣最大的价值，还需融合其他要素，使其"动力"最大化。让我们一起加深觉察，继续探索。

在进行活动三前，先来学习一下兴趣的进阶培养层次理论。该理论把我们的兴趣分为三个层级：感官兴趣、自觉兴趣和志趣（如下图所示）。三个层级构成兴趣金字塔，越高层级的兴趣越难得，同时，对于我们的生涯发展也越有价值。例如，我们吃到了一份美食，感到满足，这是感官兴趣。但如果我们研究这道美食是如何制作时，就把兴趣从感官推向了思维，由此产生了自觉兴趣。当我们进一步去找专门的师傅学习，并在厨艺大赛中获奖，从而进入酒店成为一名厨师，这就是把自觉兴趣通过学习变成了能力，获得了兴趣的价值。

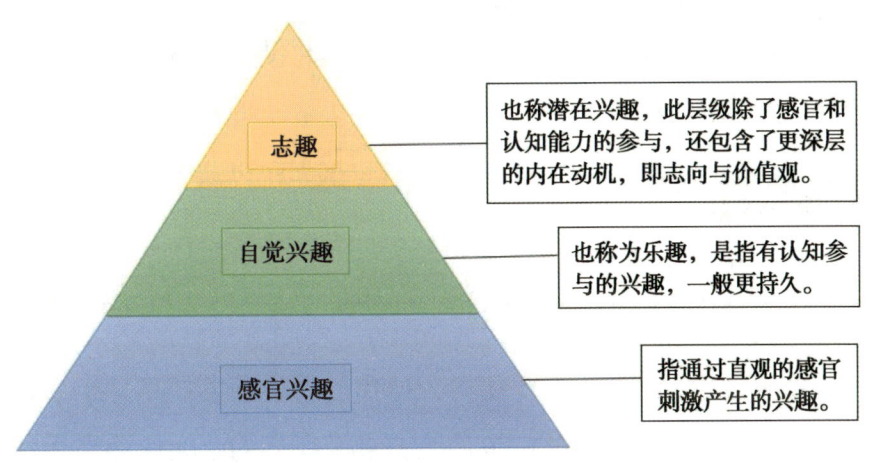

兴趣金字塔

了解了兴趣金字塔后，请你根据活动二中罗列的内容，重新整理你在生活中喜欢做的事情，思考、拟定对该兴趣的培养计划。你可以通过收集资料、访谈等途径，进一步了解发展该兴趣所需的能力，对应的高中学科、专业、高校、职业方向等，为自己制作一个促进该兴趣进阶升级的锦囊。

兴趣进阶锦囊

兴趣1：_____	兴趣2：_____
所需能力：_____	所需能力：_____
我的培养计划：	我的培养计划：
【感官兴趣】	【感官兴趣】
【自觉兴趣】	【自觉兴趣】
【志趣】	【志趣】

续表

兴趣与职业的连接	兴趣与职业的连接
可选择专业：	可选择专业：
可选择高校：	可选择高校：
可选择职业：	可选择职业：

兴趣是职业发展的"孵化器"，职业兴趣对保证职业稳定、职场幸福感有着重要意义。只要我们直面内心的热爱，了解个人喜好、人格特质等，并能够像充满求知欲的孩童一样，保持对兴趣的热情和持续的投入，就一定能在未来的生涯旅程中择己所爱、擅己所长、得己所想!

生涯成长

生 涯 攻 略

➢ 职业兴趣是生涯路上的重要动力，与我们的生涯发展息息相关。
➢ 借助霍兰德理论和兴趣坐标图，能够澄清我们的个人职业兴趣。
➢ 用发展的眼光看待兴趣，可以有意识地培养和提升职业兴趣。

拓展资料：我国高校本科专业的霍兰德代码对照表

学科类 （主要兴趣类型）	专业/专业类	霍兰德代码
哲学 A、I、S	哲学	AI/AS/SA
	逻辑学	IER
	宗教学	SA/AS
	伦理学	SAI
经济学 C、E、I、S	经济学、财政学类	EC/ES/EI/IS/IE/IC/CI/CE/CS
	金融学类	SE/ESC/IAC/C
	经济与贸易类	ESI

续表

学科类 (主要兴趣类型)	专业/专业类	霍兰德代码
法学 E、S、I、C	法学类	ES/ESI/EI/SE/CSE
	政治学类	ES/SEI
	社会学类、民族学类	SI/IE/SE/SA
	马克思主义理论类	SE
	公安学类	SI/CR/ES/EI/IE/ERC
教育学 S（个别交叉学科还有 A、R、I）	教育学类	SC/SE/SA/SI/SEI/SEC/SAE/AS/RA/IR
	体育学类	SR/SE/SI
文学 A、S、E	中国语言文学类	AI/AE/AS
	外国语言文学类	AS/ASE/SE/AI/ESA
	新闻传播学类	AE/AS/AES/ESA
历史学 S、A、I	历史学类	SAC/SE/AS/AI/IER
农学 I、R	植物生产类	IA/IR/RI/RA/IS
	自然保护与环境生态类	IR
	动物生产类、动物医学类	IR/IA/IS/RI/RE
	林学类、水产类、草学类	REI/IRE/RI/IR/IS
医学 I、R、S、E	基础医学类、临床医学类、口腔医学类	IS/IR/SR
	公共卫生与预防医学类	IS/SI/RI/ES/IE
	中医学类、中西医结合类	IS
	药学类、中药学类	IS/IR/IE/EI/RS/SIR
	法医学类	IRS
	医学技术类	RI/IR/IS/SR/IC/SI
	护理学类	SI/SE/SA

续表

学科类 (主要兴趣类型)	专业/专业类	霍兰德代码
理学 I、R、S、E	数学类	I/RI/IC/IER/CI
	物理学类	I/IR/RI/IRE
	化学类	RI/IR/IER
	天文学类	IRE
	地理科学类	SI/IR/IS/SR/IC/RA
	地球物理学类、地质学类	RI/IR/ISR
	大气科学类、海洋科学类	IR/IS/IA
	生物科学类	IR/I/IS/IA/IE
	心理学类	IS/SE/IE/SI/SA
	统计学类	ECI/IRE/SER
工学 R、I、A、E	材料类、能源动力类	RI/IR/REC/IER
	机械类、仪器类	RI/IR/RIE/RIC/AR
	力学类、自动化类	RI/IR
	电气类	RI/ISC/IER
	电子信息类	RI/IR/RE/RC
	兵器类	RI/IR
	核工程类	RCS/IER
	计算机类	IR/RI/IER
	测绘类	IAR/IER
	土木类、水利类	RIC/IR/RE/IER
	交通运输类	RE/IE/ICE
	海洋工程类	IER
	航空航天类	RIE/IR
	化工与制药类	RI/IR/IER
	地质类、矿业类	IER
	纺织类	AES/IRE/ARI
	轻工类	RSE/AER

续表

学科类 (主要兴趣类型)	专业/专业类	霍兰德代码
	农业工程类	RI/IR/IER/RE
	林业工程类	IER/RCS/SC
	环境科学与工程类	RI/IRC/IER
	生物医学工程类	RI/IRS
	食品科学与工程类	IS/SI
	建筑类	AIR/AR/RA/RE/IER
	安全科学与工程类	ECS
	生物工程类、交叉工程类	IR/RI
	公安技术类	R/IES/ESC
管理学 E、C、S	管理科学与工程类	EC/EI/ER/ES/RS/RI/IE/IR
	旅游管理类	SRE/ESC/EA
	工商管理类	CES/ECS/CSE/SE/ES
	农业经济管理类	SC
	公共管理类	ES/SC/EA/EC/CE
	工业工程类	IER
	电子商务类	ESR
	图书情报与档案管理类	SE/IRE/SAI
	物流管理与工程类	ECS/ESC/ESR/CE
艺术学 A（部分专业还有 R、E、S）	艺术学理论类	A
	音乐与舞蹈学类	A/AS/AR/AE
	戏剧与影视学类	A/AE/AS
	美术学类	A/AR/AS
	设计学类	A/AS/AE/AI/AR/RA

备注：本表系根据《2023年我国普通高等学校本科专业目录》、《运用职业自我选择测验（SDS）研制大学专业搜寻表的初步研究》（龙立荣，彭平根）、《我国大学科系职业兴趣类型图初探》（凌文辁，白利刚，方俐洛）、中国香港和台湾地区以及美国的相关资料综合整理并作调整后得到。不同来源代码不一致，仅供参考。

第 3 课　能力星光照我行

生涯探问

能力的烦恼

期中考试成绩出来后，向小川和张乐有这样一段对话：

唉，我这次又有两科不及格，感觉自己笨死了，干啥啥不行，吃饭第一名。将来考不上大学，又没有什么拿得出手的能力，毕业怎么办啊？

不会啊，你很擅长长跑和打乒乓球，每次看到你在运动场上精神饱满、充满活力的样子，我都很羡慕呢。

长跑和打乒乓球也算是能力吗？

你觉得擅长长跑、打乒乓球是能力的体现吗？你是怎么看待能力的？

生涯求知

能力面面观

如果有人问班级里谁的能力很强,同学们往往会先想到那些成绩好的学霸。其实成绩虽然在一定程度上能反映一个人的能力,却绝不是能力的唯一判断标准。就像向小川,虽然成绩不佳,但有着突出的运动能力,这也是不可忽视的重要能力。实际上,能力是多种多样的,而且有不同的分类,下面我们就来了解一下多元智能理论。

多元智能圆形图

哈佛大学心理学家加德纳认为,智力不是一种能力而是一组能力,也就是智力不是单一的,而是多元的。他的多元智能理论把人的智能分为八种,包括人际智能、语言智能、音乐智能、空间智能、逻辑-数理智能、运动智能、自然智能、内省智能。这八种智能之间,不存在哪一种智能更重要、哪一种智能更优越的问题。八种智能在个体的智能结构中占着同等重要的地位，只是在不同个体身上表现出不同的特点，具有自己独特的表现形式。换句话说，任何一个正常的人都在一定程度上拥有其中的多项能力。对于每一个个体来说，不存在谁比谁更聪明的问题，只存在谁在哪一个领域、哪一个方面更擅长的问题。例如，建筑师及设计师的空间智能比较强，英语翻译的语言智能比较强，公关人员的人际智能较强，芭蕾舞演员的运动智能较强，等等。

八种智能的含义和相关职业见下表。

解密八大智能

智能类型	含义	相关职业示例
人际智能	辨识与了解他人的感觉、信念和意向，并做出恰当反应的能力。	外交官、主持人、公关人员、销售人员、社会工作者
语言智能	对言语的掌握和灵活运用能力，能有效地利用语言描述事件、表达思想并与他人交流。	记者、翻译、律师、演说家、文案策划、作家
音乐智能	感知、理解和运用节拍、音调、音高、旋律与和声的能力。	作曲家、乐团指挥、歌唱家、演奏家、调音师
空间智能	对色彩、形状、空间位置等的感受、知觉和表达能力。	画家、城市规划师、航海员、设计师、工程师
逻辑-数理智能	数字运算、抽象思维、逻辑推理能力。	数理研究员、精算师、统计师、会计师
运动智能	用身体来表达想法和感受，运用双手创造或改变事物的能力。	运动员、舞蹈家、手工艺者、地质勘探工作者、机械工程师
自然智能	对周围环境中的动植物、物品、现象等进行有效辨识和分类的能力。	农业学家、植物学家、地质学家、生态学家
内省智能	认识、洞察、反省并运用自身思维、情感、偏好和兴趣的能力。	心理咨询师、教师、哲学家、社会工作者、小说家

除了加德纳的多元智能理论，能力还有其他划分方式。还记得我们之前介绍过的霍兰德吗？他把兴趣和职业划分为六种类型，而在每一种类型里，他还列出了六种职业兴趣类型最典型的两种相关能力，共 12 种能力（见下表）。

实际型	研究型	艺术型	社会型	企业型	事务型
机械操作能力	科学研究能力	美术能力	教导能力	销售能力	文书能力
手工技能	数学能力	音乐能力	理解他人	管理能力	办公技能

此外，在生涯辅导领域经常用到的能力分类还有美国心理学家辛迪·梵和理查德·鲍尔斯的分类。他们把能力分为专业知识技能、可迁移技能、自我管理技能这三种类型，如下表所示。

技能类型	含义	技能示例
专业知识技能	通过学习培训获得，是具体的、专业化的针对某项工作的基本能力。	化学知识、计算机操作技能
可迁移技能	指可在日常生活中培养的，又可以迁移到工作中的一些技能，这些能力往往在不同的工作中，甚至工作内外都是通用的。	分析能力、沟通能力、协调能力
自我管理技能	主要指一些优良的人格品质和个性特征，这些特征会帮助人更好地适应环境。	吃苦耐劳、值得信赖、冷静沉着

一项任务的完成，常常需要同时用到不同类型的能力。比如完成一次环保主题的演讲比赛，从加德纳的多元智能分类来说，需要具有一定的语言智能和自然智能；从霍兰德的分类来说，需要运用科学研究能力和教导能力；从辛迪·梵和理查德·鲍尔斯的三种技能类型来说，则需要环境保护相关的专业知识技能，分析与表达等可迁移技能，以及沉着冷静、能根据听众的情况随机应变等自我管理技能。

能力与生涯发展

能力可以帮助我们了解在一个兴趣领域里，自己的表现所能达到的程度。俗话说"尺有所短，寸有所长"，每个人都有在能力方面的优势和弱势。而认识自己有所能，有所不能，会让我们的生涯规划更适合自己。一个人最大的发展空间在于其具有优势的潜能，这些潜能是实现生涯发展目标的关键因素。聪明的人不会一味纠结于自己的短板，而是善于发现并充分发挥自身能力和特长，帮助自己在合适的领域内闪闪发光。

或许你会说："我并没有什么突出的能力。"事实上，可能你最擅长的能力已经内化为自动化的习惯。而且，现有能力往往只是潜在能力的冰山一角，还有很多能力等待你去发现和发展。想要进一步探察自己的能力，就来试试下面的活动吧！

生涯践行

活动一：我的智能星空

多元智能自评表

你想知道自己的智能结构是怎样的吗？先让我们做个自评吧。对于下面列出的描述，每有一条符合自己的情况就可以获得一颗智能之星。然后数一数，每一类智能里，你获得了几颗星，填在最右边一栏里。

多元智能类别	评价项目	自评得分
人际智能	◇经常参加群体聚会活动。 ◇朋友很多。 ◇善于体察别人的情感。 ◇能积极参与团体讨论。 ◇能主动关心别人，善于为他人排忧解难。 ◇同伴总是很尊重、喜爱你。 ◇很善于与别人合作。 ◇当与别人意见不同时，能有效地沟通、协调。 ◇常被选为团体的领导者。 ◇与人交往时善于设身处地换位思考。	

续表

多元智能类别	评价项目	自评得分
语言智能	◇词汇丰富，表达能力超出一般。 ◇能准确记得自己读过的文章或听过的话。 ◇表达生动有趣，善于描述、讲故事等。 ◇阅读面很广，阅读理解能力很强。 ◇对词句理解准确，能灵活运用熟语、成语或名句。 ◇说话、写作能够把握重点，有条理。 ◇喜好写作，善于用文字表情达意。 ◇对方言、外语等语言学得快而好。 ◇常常自豪地谈论或展示你的作文或文艺作品。 ◇善于领会文字或语言所表达的感情。	
音乐智能	◇很关注、欣赏并喜欢谈论音乐方面的信息。 ◇很会唱歌、吹口哨、哼曲子或打拍子等。 ◇能随手运用生活中的器材来表现音乐。 ◇能用音乐来美化生活。 ◇听觉灵敏，能清晰记得自己听过的语音、响声、曲子等。 ◇乐感、节奏感很好，能很快学会一首歌曲或乐曲。 ◇唱歌或演奏乐器的能力很强。 ◇能够改编乐曲或歌曲。 ◇音乐鉴赏能力佳，对乐曲、歌曲有独到见解。 ◇擅长分辨不同的节奏、音调、音色。	
空间智能	◇喜欢用图表来解释说明。 ◇绘图能力优异，作品充满画趣。 ◇善用图像记忆、思考或表达知识或意思。 ◇喜欢绘图、造型或者场景布置。 ◇擅长美术鉴赏，对于色彩、图形、明暗的感觉十分敏锐。 ◇能很快理解图表、地图、示意图等。 ◇很了解名山、大川、古镇等，通晓各地风土人情。 ◇方位感很强，在陌生的地方能很快找到方向。 ◇很会玩拼图、迷宫、积木等观察游戏。 ◇常常对自己到过的地理场景记忆犹新。	

续表

多元智能类别	评价项目	自评得分
逻辑-数理智能	◇喜欢思考、讨论科技或数学方面的问题。 ◇计算能力优异，数字感良好。 ◇对运用数字、符号、概念等很敏感，抽象思考能力强。 ◇能用符号、比喻、概念等表达或简化复杂的意思。 ◇善于归纳，善于得出结论。 ◇说理能力良好，擅长辩论或演说。 ◇擅长推理，逻辑性很强。 ◇善于发现、分析问题，能找出问题的症结。 ◇思维方式灵活，能用多种方法解题。 ◇解决数理难题的能力很强。	
运动智能	◇肢体动作协调，姿态优雅。 ◇说话时，善于使用肢体和手势来表达意见及情感。 ◇能运用多种多样的动作来表现一个事物。 ◇运动感觉很好，偏爱在活动中学习。 ◇善于运用肢体动作生动地模仿人、动物等活动物。 ◇能很快学会操作工具、机器等器具。 ◇能很快学会骑车、游泳、球类之类的新技能。 ◇能很快学会跳舞，表演出色。 ◇体育能力很强，是个运动健将。 ◇善于制作、拆装玩具、航模等器具。	
自然智能	◇到户外活动，能够细心观察自然景物，喜好发问、思考。 ◇对自然界有浓厚兴趣，很愿意关心、思考、从事有关自然界的事务。 ◇关注与大自然有关的书籍或电视节目。 ◇关心、参与垃圾分类与废物处理事务。 ◇很会饲养小动物或种植花草树木。 ◇尊重自然界的生命，很喜欢欣赏自然景物。 ◇喜欢以大自然为题的电影、音乐、摄影、美术或文学作品。 ◇关心和参与保护野生动物、水资源和其他自然环境。 ◇喜欢深入地探究各种问题。 ◇善于根据生物的特征将其分门别类。	

续表

多元智能类别	评价项目	自评得分
内省智能	◇非常了解自己的优点和缺点。 ◇会自觉地朝自己的目标努力，不需要外部的奖惩或约束来督促。 ◇能够反思和改进自己的做事方式。 ◇很了解别人对自己的看法。 ◇独立性强，不依赖他人。 ◇善于自我激励，不需要别人督促自己。 ◇能理性地对待别人对自己的批评。 ◇在亲属、同学、朋友等人群中，很清楚自己的地位与角色。 ◇遇到不同的或陌生的场合，能很快知道自己该怎么做。 ◇很清楚自己的个性和追求。	

我的智能星空图

现在请你根据上面的自评得分，在下图中用彩笔"点亮"相应数目的星星，绘制你的智能星空图吧。

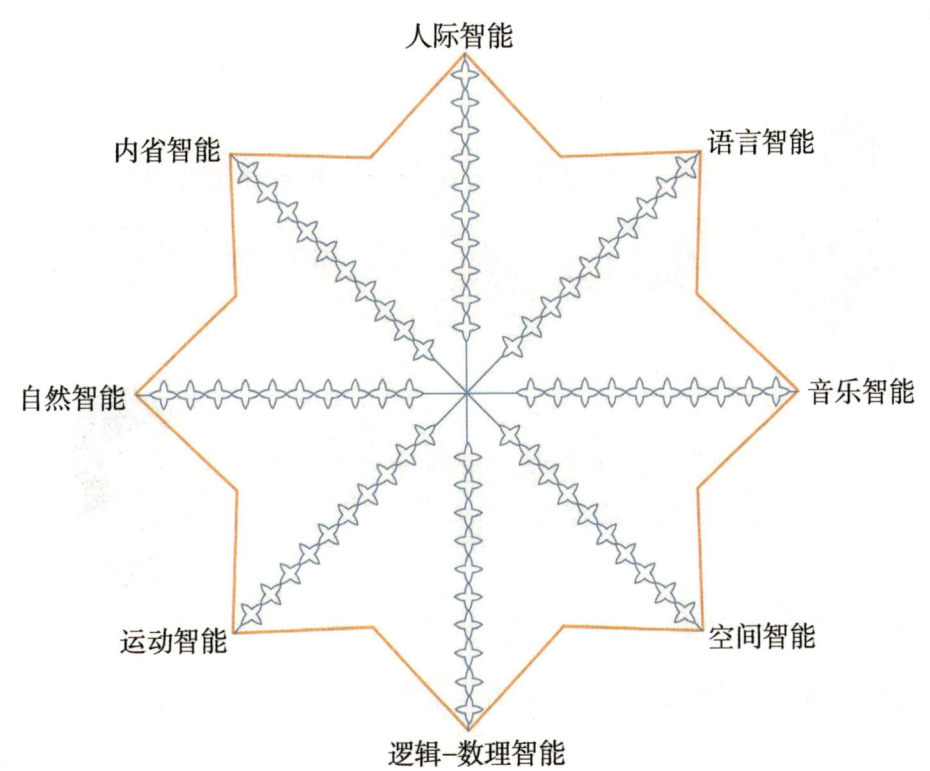

想一想

1. 结合你的智能星空图想一想，哪些智能是你比较擅长的？你可以在生活中如何展现？

_____

_____

2. 你认为自己的优势能力可以在哪些职业中得到运用？结合生涯求知部分"解密八大智能"表思考一下，除了表中已有的职业，你还可以从事哪些职业？

_____

_____

小贴士

★ 多元智能自评表量化的数据并不能代表自己拥有或者缺乏某项智能。它的目的是让我们结合自己的生活经历，提供进一步自我探索的线索。

★ 每个人都会在某些方面表现出优势或弱势，所以，与其他人比较某一方面能力的强弱是没有意义的，要用整合的视角探索自己的能力结构。在高中期间，应该对多元智能的各个方面进行尝试，努力寻找自己的优势潜能所在。

通过多元智能测试，我好像对自己的能力有了一些了解，除此之外，还有什么方法可以进一步探索我们的能力呢？

回顾自己的成就故事也是一种探索自我能力的好方法哦！

活动二：我的成就星光

在你读幼儿园的时候，大概会认为第一个把饭吃完，得到老师奖励的小星星是不小的成就；在你上小学和初中的时候，某一次考试进步了不少，被老师夸奖，你会觉得那是得意的一天。成就事件，就是成长过程中让你印象深刻的有成就感的事情，是散落在我们记忆银河里的一颗颗闪亮的星。回忆和描述成就事件，有助于我们发现其中隐藏的自身能力，并使之更加熠熠生辉。

成就事件可以发生在学习或工作中，也可以发生在课外活动、家庭生活中，它可以是方方面面的事，比如一次同学聚会、一次和家人的旅行，等等。不是只有卓越非凡的才称得上是成就，只要完成这件事曾让你感到自豪、能给你带来成就感和喜悦，它就是你的成就事件。

接下来，就让我们开启这段成就探索之旅吧！

第一步：写出成就事件。 请回忆出 9 个你觉得有成就感的事件，并用文字简单描述，填入下面的九宫格中。

第二步：发现能力星光。 请从上面的成就事件中选择一个，用下面的 STAR 法则进行详细描写。该法则能帮助你从成就事件中发现自己的能力星光哦！

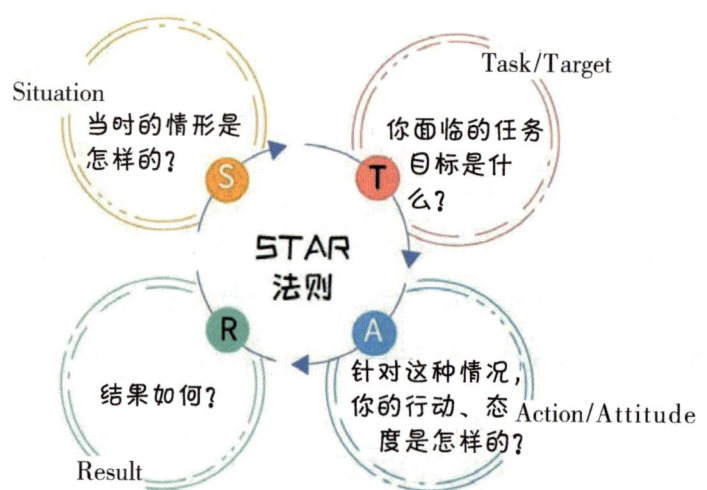

描述完成后，试着分析一下，这个成就事件反映出你的什么能力。你可以根据加德纳的多元智能理论分析该事件体现了八种智能的哪一种或几种能力，可以对照霍兰德的六类型12种能力找到该事件相关的能力，也可以参考辛迪·梵和理查德·鲍尔斯提出的三种技能类型分析这一成就事件分别用到了哪些专业知识技能、可迁移技能和自我管理技能，还可以跟同伴分享自己的成就事件，请他们帮忙一起找一找该事件背后的能力星光。请参考郭娜的例子写出你的分析结果。

示例：郭娜的成就事件

学校组织开展一年一度的"班班有美展"比赛，比赛以班级为单位，让同学们用各类美术作品在班级创造艺术氛围。我作为班级的宣传委员，除了拿出自己的素描作品参加这次展示，还主动承担了本班美展总负责的工作。我与上一届的学长学姐讨教经验，之后多次组织班委开会拟定、优化方案，发动同学们一起进行本班的艺术环境布置。我带领全班同学一起努力，让我们班在这次"班班有美展"比赛中获得了一等奖。

郭娜的能力星光

◇具有的多元智能：
空间智能、人际智能
◇霍兰德六类型相关的能力：
美术能力、理解他人、管理能力
◇专业知识技能：
素描
◇可迁移技能：
沟通、协调、领导、策划
◇自我管理技能：
积极主动、认真负责、细致周到

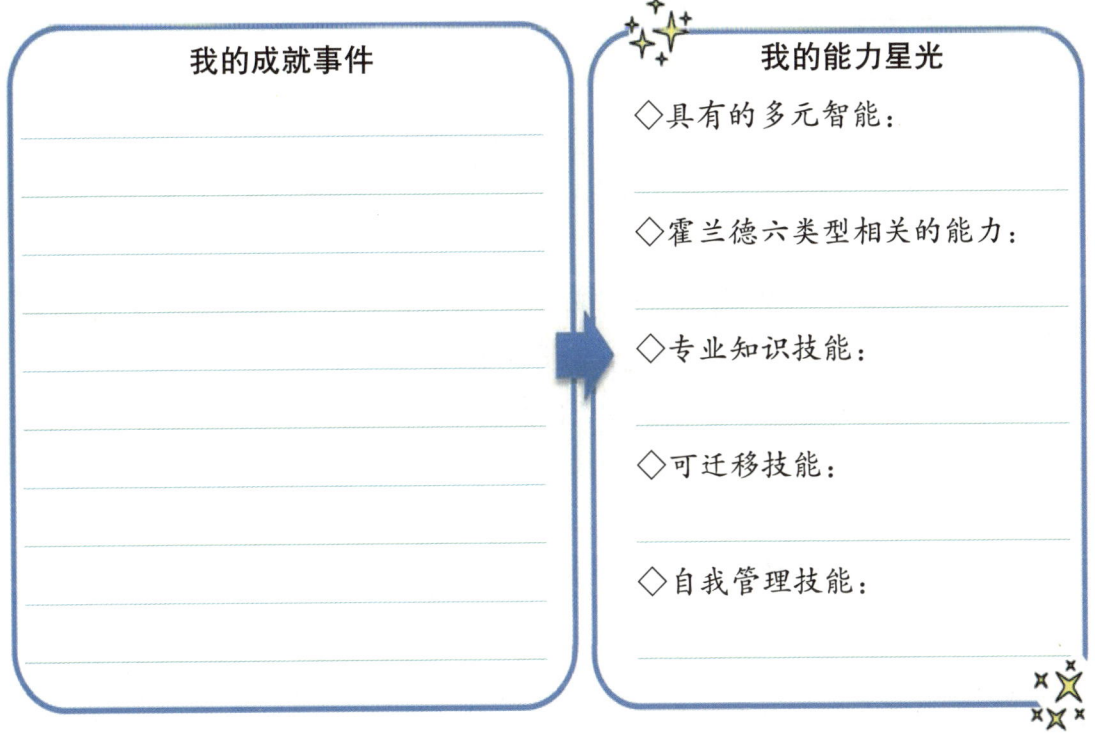

活动三：我的星光大道

发现自己的能力之后，你可能会关心这些能力在自己的生涯发展中要如何发挥作用，这时你需要先思考下面几个问题：

1. 有什么职业是你未来想从事的？

2. 该职业需要必备哪些能力？

3. 这些必备能力中哪些能力是你已有的优势，需要继续保持和强化？哪些能力还有待提升？

4. 如何强化提升能力？

将你思考的答案填入右图中，这有助于你连接当下与未来，用能力星光照亮生涯旅程。

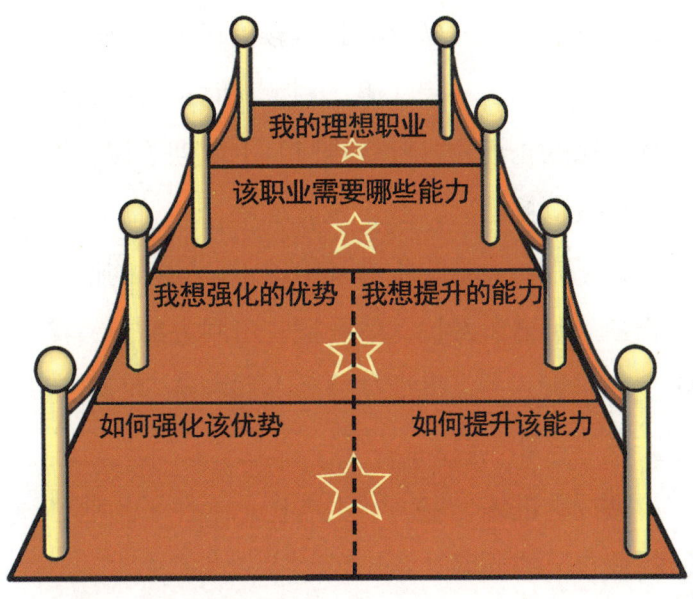

生涯成长

生涯攻略

➢ 能力是多维的，有多种分类。
➢ 每个人都有自己优势的能力和较弱势的能力。
➢ 可以通过测评和描述成就事件来发掘自己的优势能力。
➢ 将能力探索与生涯发展相结合，思考自身要提升的能力，并探索提升能力的途径。

拓展阅读：人，有无限潜力

一名音乐系的学生走进练习室。在钢琴上，摆着一份全新的乐谱。"超高难度……"他翻着乐谱，喃喃自语，感觉自己对弹奏钢琴的信心已经跌到谷底。已经三个月了，自从换了这位新的指导教授之后，他不知道为什么教授要以这种方式整他。勉强打起精神，他开始用自己的十指奋战、奋战、奋战……琴音盖住了教室外面教授走来的脚步声。

指导教授是位极其有名的音乐大师。授课的第一天，他交给自己的新学生一份乐谱。"试试看吧！"他说。乐谱的难度颇高，学生弹得生涩僵滞，错误百出。"还不成熟，回去好好练习。"教授在下课时，如此叮嘱学生。

学生练习了一周，第二周上课时正准备让教授验收，没想到教授又给他一份难度更高的乐谱，"试试看吧！"上星期的课教授提也没提。学生再次挣扎于更高难度的技巧挑战。

第三周，更难的乐谱又出现了。同样的情形持续着，学生每次都在课堂上被一份新的乐谱所困扰，然后把它带回去练习，接着再回到课堂上，重新面临两倍难度的乐谱，一点也没有因为上周的练习而有驾轻就熟的感觉，学生感到越来越不安、沮丧和气馁。

教授走进练习室。学生再也忍不住了，他必须向教授提出这三个月来何以不断折磨自己的质疑。

面对学生的质疑，教授没做回答，只是抽出最早的那份乐谱，交给学生："弹奏吧！"

不可思议的事情发生了，连学生自己都惊讶万分，他居然可以将这首曲子弹奏得如此美妙、如此精湛！教授又让学生试了第二周的乐谱，学生依然呈现出超高水准的表现……演奏结束后，学生怔怔地望着教授，说不出话来。

"如果我任由你表现最擅长的部分，可能你还在练习最早的那份乐谱，就不会有现在这样的程度……"钢琴大师缓缓地说。

人往往习惯于表现自己所熟悉、所擅长的能力。但如果我们愿意回首，细细检视，将会恍然大悟：看似艰难的挑战、巨大的压力，不也在不知不觉间培养了自己今日的诸般能力吗？所以，走出自己的舒适区，迎接挑战、面对压力也是激发潜能的好方法。

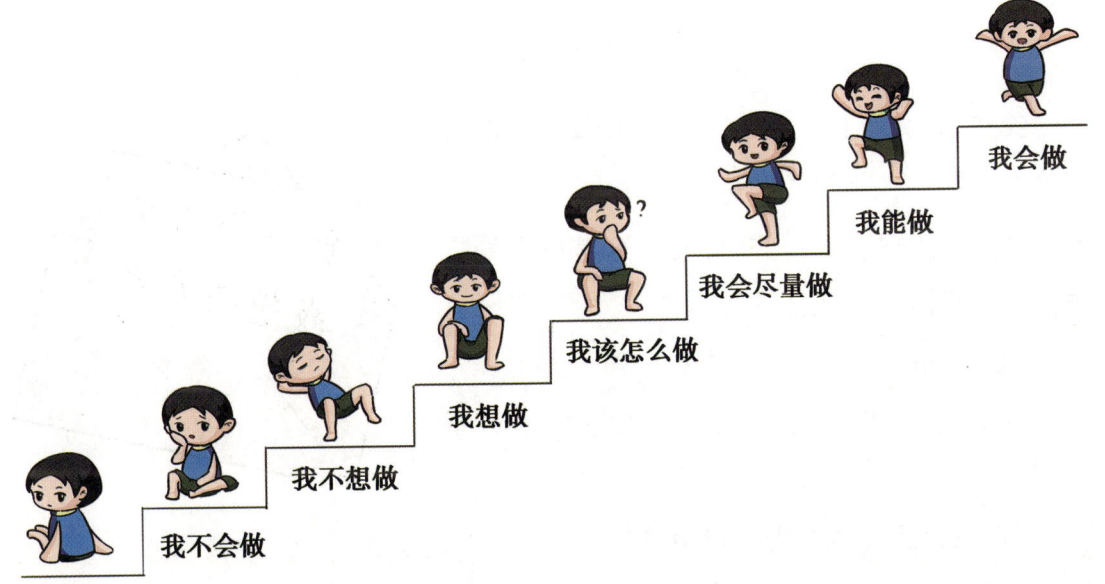

第 4 课　揭秘职业价值观

生涯探问

一封辞职信引发的热议

2015 年 4 月 14 日一早,一封中学老师的辞职信引发热评,辞职的理由仅有 10 个字:"世界那么大,我想去看看。"有人说这是史上最具情怀的辞职信,没有之一。

网友评论:

网友 1:我也想去看世界,不过赚钱更重要吧?

网友 2:工作诚可贵,自由价更高。

网友 3:这么稳定的工作,辞了多可惜!

你觉得这位老师为什么选择辞职?你怎样看待她和其他网友的观点?

生涯求知

什么是价值观

面对同样的问题，不同人有不同的观点与态度，因为每个人心中都有一个隐形的舵手在引领我们，使我们追求不同的东西。这个"隐形舵手"便是价值观，它是我们对客观事物（人、事、物）及自我的观念和态度，通过我们对各种事物（如成就、金钱、自由、健康等）重视程度的排序反映出来。

价值观指引我们行动的方向，决定我们的重要选择，体现了我们的人生态度和对人生意义的诠释。价值观是非常主观的。有的人希望拥有稳定、幸福的人生，能和家人互相陪伴；有的人选择充满挑战的人生，不断感受人生无常和惊心动魄；有的人希望变成亿万富翁，享尽荣华富贵；有的人致力于为社会、为国家奉献自己的一生。这些对人生的选择和期望就是人的价值观的体现。那位辞职的老师，她的价值观使她放弃了稳定的工作，去追求自由的生活。再比如，作为高中生，当面对是否参加学生会竞选的问题时，有些同学看重个人能力的提升，将学生会竞选视为一种挑战，将学生会视为自我锻炼的平台；而有些同学看重在高中时期高质量地完成学业，将学生会工作看作是负担，是干扰自己的因素。

关于职业价值观

价值观体现在职业选择方面时，就是职业价值观。

职业价值观是一个人对职业的认识和态度，以及对职业目标的追求和向往，是个体努力在工作中追求的，并且期待从工作中获得的东西。职业价值观是人们衡量社会上某种职业的优劣和重要性的内心尺度，是个人对待职业的一种信念，能够为个体选择何种职业、努力实现工作目标提供充分的理由。

每个人的理想、信念、人生观、价值观、世界观都是不同的，职业价值观也各有不同。比如，有的同学希望未来从事压力小的工作，过安逸稳定的生活；有的同学希望从事具有挑战性的工作，将来成就一番大事业；有的同学希望未来的工作有较好的工资待遇，能赚很多钱；有的同学希望未来在工作中做自己喜欢并擅长的事。当一个人面对不同的选择时，最终影响职业决策和职业方向的，往往是内心的价值观。

人生充满选择，但很难有哪个选择可以满足我们所有的内心需要。世界上也没有真正完美的工作，职业选择往往面临着取舍。因此，探索我们的职业价值观有利于我们看清内心看重的东西，帮助我们在生涯发展中做出适合自己的职业选择。

职业价值观有很多种分类，其中最为人所接受的是生涯规划大师舒波所提出的 15 种职业价值观，其具体内容如下：

1. 利他助人——为他人谋福利，减轻他人的苦难，帮助他人解决困难。
2. 美的追求——欣赏美的事物，创造美的作品，得到美的享受。
3. 创造发明——设计新产品，发展新观念，构思新的解决方法。
4. 智性激发——在工作中独立思考，不断学习，增长智慧，自我提升。
5. 成就满足——看到自己努力工作的成果，取得满意的工作成就。
6. 独立自主——以自己的步调或方法开展工作，不受他人干涉与限制。
7. 声望地位——得到他人的尊敬，拥有较高的社会地位。
8. 管理权力——获得个人权力，发挥自己的领导才能。
9. 经济报酬——获得丰厚的经济收入。
10. 安全稳定——得到稳定的生活保障，不会轻易被裁员，有安全感。
11. 工作环境——在舒适、良好的环境中工作。
12. 上司关系——与上级平等融洽地相处，获得赏识。
13. 同事关系——和同事融洽地相处，建立深厚的友谊。
14. 生活方式——工作能够满足自己的生活节奏和生活方式。
15. 多样变化——能经常变换工作内容或工作场所，尝试变化，体验多样。

如何澄清我们的职业价值观，明确我们心中真正想要的是什么呢？让我们去探索一番吧。

生涯践行

活动一：理想人生体验馆

在世界历史长河中，有无数人物留下鲜明的印迹，他们有的是帝王将相、英雄豪杰、政治名流，也有的是学术大师、哲人智者、能工巧匠……是否有哪些人的人生曾经让你钦羡不已？你是否曾在心底由衷地感叹"要是我能像×××那样就太好了"？

"理想人生体验馆"助你体验百味人生。在这里你可以任意穿梭时空，穿越成为你想成为的人，体验你想追求的理想人生。你将有5次体验机会。现在，请闭上双眼，想象自己进入"理想人生体验馆"，此时你的脑海中闪现出许多他人的人生片段，有的一闪而过，有的越发清晰。请你仔细思考最想穿越的对象，可以是古今中外真实存在的历史人物，也可以是你在现实生活中认识的人，甚至可以是戏剧小说电视电影中的虚构人物。只要是你真心向往的，就可以放心大胆地使用体验机会。

将在你头脑中涌现的人，依次写在下方，并在每个名字的后面，写下你向往的理由：为什么你希望穿越成为他（她），到底是什么在吸引着你呢？最后确认你写下的五个名字，你真的希望像他们那样过一生吗？

我的理想人生

1. _____
2. _____
3. _____
4. _____
5. _____

仔细分析你的"理想人生"，想一想这些人生各有什么特点，可以分别对应"生涯求知"中15种职业价值观的哪几种。请参照下面的例子，从"理想人生"中梳理出自己的价值观。

李艾的理想人生与价值观

袁隆平：研发杂交水稻造福大众——创造发明、利他助人、成就满足
王亚平：几度上天探索宇宙，逐梦成功——成就满足、声望地位
董明珠：事业女强人——成就满足、管理权力、声望地位
林徽因：才华横溢——美的追求、智性激发
我的妈妈：学生心中的好老师——利他助人、工作环境、成就满足

成就满足
利他助人
声望地位
创造发明
管理权力
美的追求
智性激发
工作环境

我的理想人生与价值观

1.
2.
3.
4.
5.

活动二：海上"沉宝"记

离开"理想人生体验馆"之际，你可以挑选五件珍宝作为穿越体验的纪念品。这些珍宝便是你在上一个活动中梳理出的价值观，它们重量相同，但贵重程度不同。请将你选择的五件珍宝放在宝箱中。

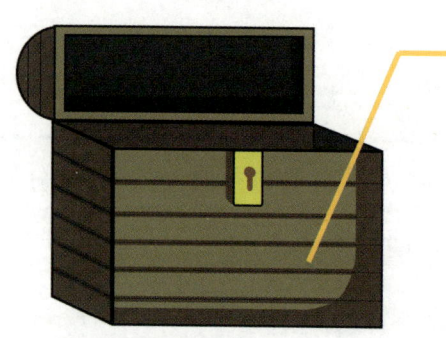

带上这五件珍宝,你乘坐小船在海上乘风破浪,然而天有不测风云,这次航行并不顺利。假如你不幸遇到了海上风暴,沉甸甸的珍宝加重了小船的危急状况,为了防止沉船你不得不选择舍弃其中两件珍宝,将其永沉大海。你会舍弃哪两件呢?请在上面的方框中用黑笔把它们涂掉,使之再也无法辨识。在涂黑的过程中感受一下,如果你的生命里缺少了这两件珍宝会怎么样?

_____

_____

祸不单行,刚刚离开风暴的小船又遇到了鲨鱼,为了提高航行速度,甩掉穷追不舍的鲨鱼,你必须忍痛从剩下的珍宝中再舍弃一件。你会做怎样的选择呢?请在方框中把你这次舍弃的珍宝涂黑,将它义无反顾地从你的视野中消除掉。同样,在涂黑的过程中想象一下,如果缺少了这件珍宝,你的人生是什么样子的?你的感受如何?

_____

鲨口逃生后,你带着剩下的珍宝继续航行了很久,终于快要靠岸了。却不料,小船触到暗礁破损,在这危急关头你必须再次做出艰难的抉择,从仅剩的两件珍宝中再舍弃一件,以便船能够尽快安全靠岸。请你从方框中把舍弃的珍宝涂黑。这次,你舍弃时的感觉如何?

_____

航行结束了。虽然充满了艰辛,但好在你保住了心中最珍爱的那件珍宝。你最后留下来的珍宝是什么?它对你来说确实是最重要的珍宝吗?为什么你把它留到最后?拥有它,你有什么感受?

回顾一下,在这次航海旅行中,你是怎样做出选择的。把你的五件珍宝按照重要性从高到低的顺序重新排列在下面吧!这个过程中你对自己有哪些新的认识?

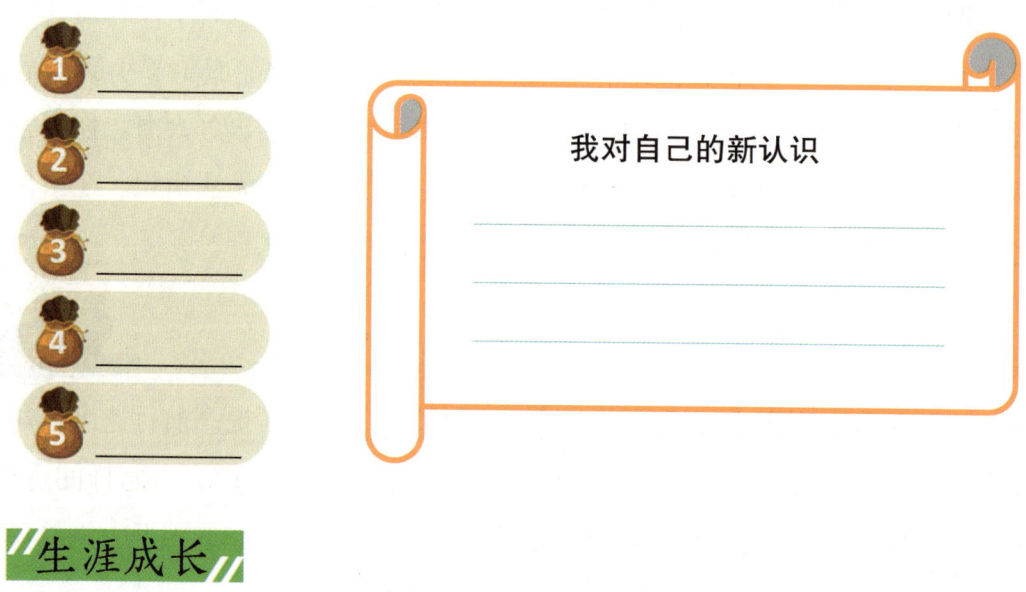

1. _____
2. _____
3. _____
4. _____
5. _____

我对自己的新认识

_____
_____
_____

生涯成长

心理攻略

➢ 职业价值观反映我们在职业生涯中看重的东西。

➢ 探索职业价值观能够帮助我们进行生涯选择。

➢ 对职业价值观进行排序，提醒自己在面临生涯选择时什么是最重要的。

拓展活动：步步为"赢"

"任何领域，做到极致，你就是冠军！"这是邓亚萍的人生信条，也是她一步步成长为乒乓球女王的原因，更是她退役后从零开始学英语，并一路读到剑桥大学博士的信念。

1973年，邓亚萍出生于乒乓球世家，从小接触乒乓球，并立志成为一名优秀的运动员。然而，先天身材矮小使她屡次被省队拒之门外。为了弥补先天的差距，她从小就接受大量的训练，身上穿着装着沙子的背心，腿上绑着沙袋，每天训练十二个小时，一周练满六天。凭借这些努力，她终于成为省队的一员。进入国家队后，邓亚萍更是艰苦认真地练球，从不懈怠。由于身高劣势，她无法运用常用的打球方法，不得不研究适合自己的新打法，在一次次摸索后创造了全新的反手长胶磕球打法。通过艰苦的训练，邓亚萍最终在国际赛场上获得了一块又一块金牌，成为了一代人眼中的乒乓球女王。

退役之后，邓亚萍决定通过求学来完善自己。刚开始，她对英语一窍不通，只能勉强念出26个字母，但是她依旧坚信："任何领域，做到极致，你就是冠军！"她为自己制订了学习计划：一天必须保证14个小时的学习时间；每天5点准时起床，读音标、背单词、练听力，直到正式上课；晚上整理笔记，温习功课，直到深夜12点。经过4年的努力，邓亚萍取得了清华大学外语系英语学士文凭。随后，她又到国外深造，先后获得了诺丁汉大学中国当代研究专业硕士学位、剑桥大学土地经济学博士学位。学业结束后，邓亚萍进入社会，做了许多与体育和其他社会服务有关的工作。

读了邓亚萍的故事，想一想：邓亚萍的职业价值观是什么？她是如何实现这些价值观的？我们一起来看看邓亚萍是如何实现她的职业理想的。

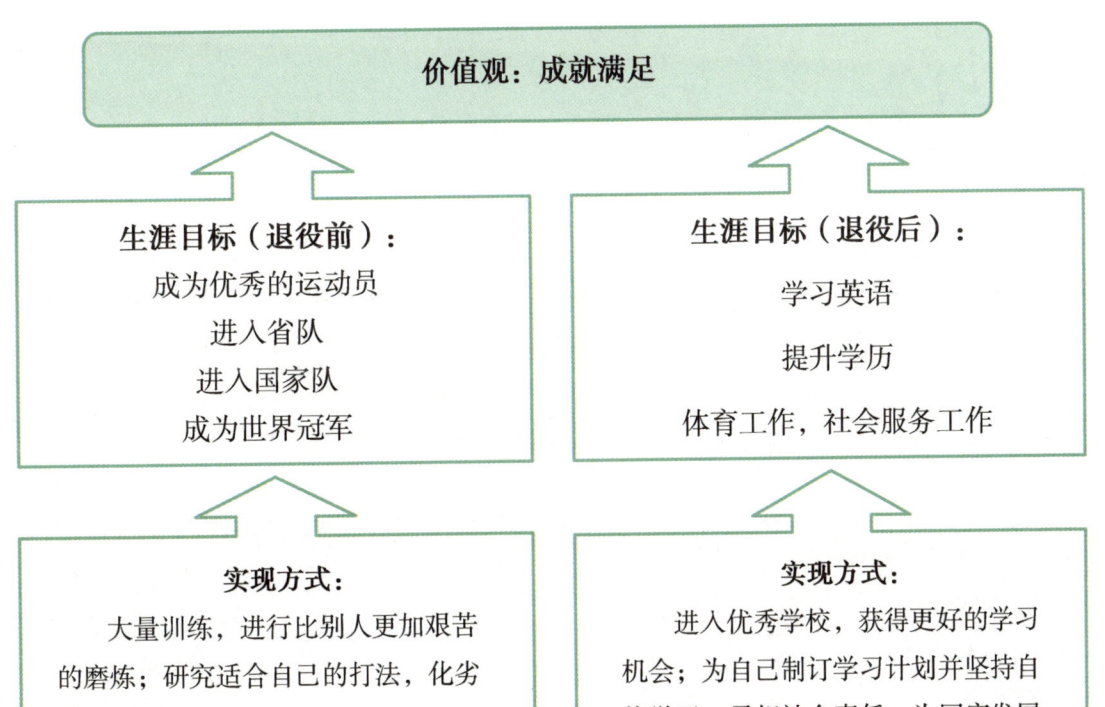

邓亚萍的故事对你有什么启发？你准备怎样实现你的价值观呢？选择你的一个价值观来具体写一写吧。

价值观：

生涯目标：

实现方式：

第 5 课　多面一体的我

生涯探问

我是 X 博主

假如你要开通自己的微博，用以记录和分享自己的生活，你会如何设计自己的个人信息？来尝试设计一下吧。

头像 ☐　　用户名 ＿＿＿＿＿＿＿＿＿＿＿＿＿＿＿＿

简介 ＿＿＿＿＿＿＿＿＿＿＿＿＿＿＿＿＿＿＿＿＿＿＿
＿＿＿＿＿＿＿＿＿＿＿＿＿＿＿＿＿＿＿＿＿＿＿＿＿

思考：你在设计中突出了自己哪些方面的特点？

生涯求知

生涯三叶草

在上面的设计中，你可能重点突出了自己的一两个特征，同时，你也会发现，自己是个复杂的个体，具有多面性。前面几课，我们已经探索了职业兴趣、能力和价值观，这是在进行生涯探索时最值得关注的三个方面。那么，你知道这三个方面之间怎样相互影响，进而形成你这样一个多面一体的独特存在吗？

美国心理学家伦特等人提出的社会认知生涯理论，向我们描绘了兴趣、能力和价值观的关系。如果一个人认为自己在某个领域能力突出，并且从事该领域的工作可以满足自己的价值需求，那么他就容易对该领域有较高的兴趣。另一方面，兴趣的高低会影响一个人在特定领域投入多少时间和精力，这些时间和精力会和能力一起影响最终取得的成绩和回报，并且反过来影响人们对自己能力和工作结果的判断。可见，个体的兴趣、能力和价值观等多个方面的整合是一个动态地相互影响的发展过程。

我国生涯教育研究者古典老师用一个三叶草的模型直观地展示了兴趣、能力和价值观这三者在生涯发展中的作用及其相互影响的过程。

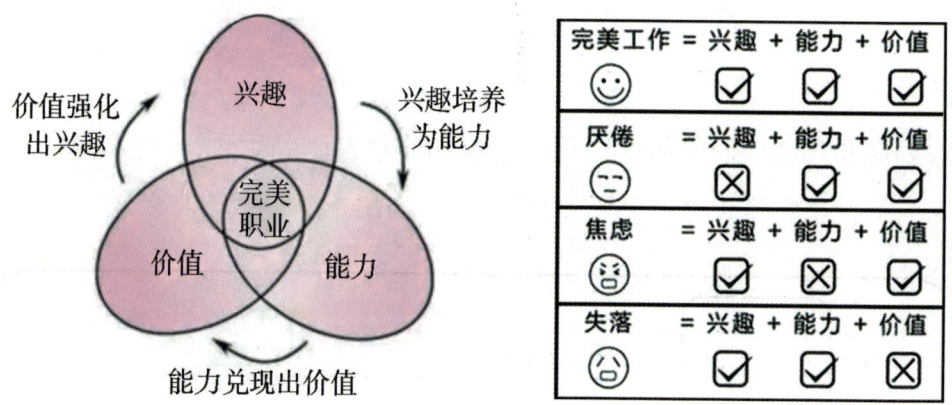

三叶草模型图

图中三片叶子分别代表了生涯发展中的三个重要因素：兴趣、能力和价值观。一个人在兴趣层面得到满足，他就可以在职业里获得新鲜感和快乐；在能力层面得到满足，他就可以在职业里获得成就感、掌控感；在价值层面得到满足，他就可以在职业里产生幸福感和对工作的热爱。三片叶子的交集处就是一个完美的职业特质：你喜欢的、能做好的，而且能回报给你想要的。如果缺少兴趣会产生厌倦，能力不足会感觉焦虑，缺乏价值感会引发失落。

三叶草里面的兴趣、能力、价值观并不是孤立存在的，而是彼此关联并动态发展的。持续地投入兴趣，就会让兴趣发展成为能力；能力需要找到能够兑换价值的平台；价值的获得又能够强化兴趣。兴趣、能力和价值的三叶草就这样旋转起来，让我们掌握和精通某一领域的工作，然后进入更大一轮的"兴趣—能力—价值"循环。我们可以通过修炼自己的兴趣、提升自己的能力和打磨自己的价值观，找到自我实现的平台，在现实生活中收获快乐、成就和幸福的人生。

内部冲突的应对

如果将生涯比作一辆汽车，那么兴趣就是发动机，能力是车轮，价值观是方向盘。有些人的兴趣、能力、价值观是一致的，他们就能顺畅地向前奔驰。但如果三者指向的结果发生了一些矛盾冲突，该怎么办呢？

个体自身兴趣、能力、价值观等各方面之间彼此矛盾、不一致，我们称之为内部冲突。其中，最常见的是兴趣和能力不一致。根据具体兴趣和能力的高低分布，可以分为四个区域，如下图所示。

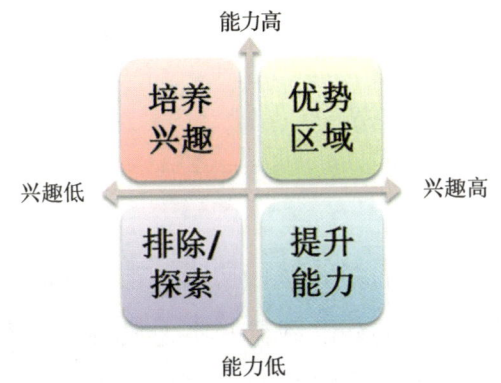

图中第一象限表示能力高，兴趣也高。这是我们生涯发展的优势所在。该区域内的工作个体既有能力做好，又很感兴趣，可谓是上上之选。

第二象限是能力高，但兴趣低。该区域内的工作是个体有能力做好但是却不喜欢的，可以作为谋生手段。而对于尚未踏入社会、还不需要独自谋生的学生而言，不妨先尝试做一些该领域的事情，如果做的过程中培养出了兴趣，也可以发展为有优势的职业发展方向。

第三象限表示能力低，兴趣也低。这是我们生涯发展中的劣势区域。该区域内的工作个体既做不好，也不喜欢，通常是不适合自己的，应该在生涯选择时予以排除。如果不幸被迫从事这类工作，也应努力寻求改变。但另一方面，这一区域内也可能有些工作是由于我们缺少机会接触和了解才没有发展起相应的兴趣和能力，我们并不真正清楚这些工作是否适合自己，这也就是所谓的"盲区"。如果发现自己的这一区域特别大，而另外三个区域过小，可以尝试多做探索，减少盲区，将其转变到其他三个区域。

第四象限为能力低，但兴趣高。该区域内的工作个体虽然喜欢，但目前还不具备把这类工作做好的能力，只能称之为业余爱好。当然如果个体的兴趣浓厚到愿意为之付出持久努力，也可以尝试把爱好培养成为专长。随着这部分能力的提升，也可能成为职业发展方向或者"副业"。

此外，我们在面对内部冲突时，还可以考虑自己当下所处的生涯发展阶段，进而帮助自己确定应对策略。对于高中生而言，现在还处于探索阶段，兴趣、能力和价值观仍在发展中，应通过多种实践和反思，结合自我理想和社会需要树立积极的职业价值观，并通过培养兴趣、提升能力使自己的兴趣、能力与实现自我价值和谐一致。

生涯践行

活动一：请你来支招

郭娜从小练习中国舞，有很好的舞蹈功底。她更喜欢唱歌，希望自己未来能够从事音乐事业，比如做个能够载歌载舞的实力唱将。在进行多元智能测评的时候，她的优势智能是运动智能、人际智能和语言智能。在现实生活中她节奏感很好，只是五音不全，无论怎样练习，唱歌总是走调，同学们常调侃她是"走调大师"。梦想很美好，但实力不允许。

结合生涯求知部分的知识，请你给郭娜出出主意，提提建议：当兴趣与能力发生矛盾时，她该怎么办。

活动二：多个视角看看自己

在之前的课程里，我们通过六种职业兴趣类型、八种智能倾向和 15 种职业价值观（如下表）这些角度探索了自己。这些兴趣、能力和价值观的类型之间，存在着一些微妙的对应关系。比如，艺术型的兴趣与音乐智能、运动智能之间联系较为紧密，而与人际智能、逻辑-数理智能之间无太大关系，同时，艺术型的人常常更向往美的追求。再如，企业型的兴趣与人际智能、语言智能之间有明显的联系，而与音乐智能、自然智能关系不大，同时，企业型的人常常看重管理权力、成就满足、经济报酬。

职业兴趣	实际型	研究型	艺术型	社会型	企业型	事务型
多元智能	人际智能 逻辑-数理智能		语言智能 运动智能	音乐智能 自然智能	空间智能 内省智能	
职业 价值观	利他助人 独立自主 工作环境	美的追求 声望地位 上司关系	创造发明 管理权力 同事关系	智性激发 经济报酬 生活方式	成就满足 安全稳定 多样变化	

回忆一下之前所学，把你已经发现的自己突出的职业兴趣、能力和职业价值观在上表中圈出来，然后思考一下，自己的这三方面之间内在一致性高吗？

如果兴趣、能力、价值观不一致，还可以思考是否对自我的认识足够全面，是否需要进一步了解自己。回顾一下你曾经通过哪些途径了解自己，把它们勾选出来。并想一想，你还可以通过哪些其他途径来进行自我探索？

☐照镜子　　　　　　　　　　☐阅读
☐看自己的视频　　　　　　　☐自我反思
☐请朋友谈谈他们眼中的自己　☐做心理测试
☐询问老师、长辈　　　　　　☐与他人比较
☐参考自己的成绩　　　　　　☐实践活动
☐其他：_____

尝试使用更多方法进行自我探索后，你对自己的兴趣、能力和价值观有了哪些新的认识？把这些新认识写在下面的方框里吧。

活动三：生涯标尺

在活动二中，我们梳理了各自的职业兴趣、能力和价值观。接下来，就让我们试着整合这些信息，看看它们带给我们什么样的生涯指引吧！

请你拿出一张白纸，裁出三个纸条。把你的职业兴趣、能力和职业价值观按从高到低的顺序，从左到右写在纸条上。然后将这三个纸条并列放好，拿一把透明直尺与它们垂直放置。你可以左右拉动每个纸条，用直尺定位你目前聚焦的兴趣、能力和价值观三者的组合，操作图示如下。

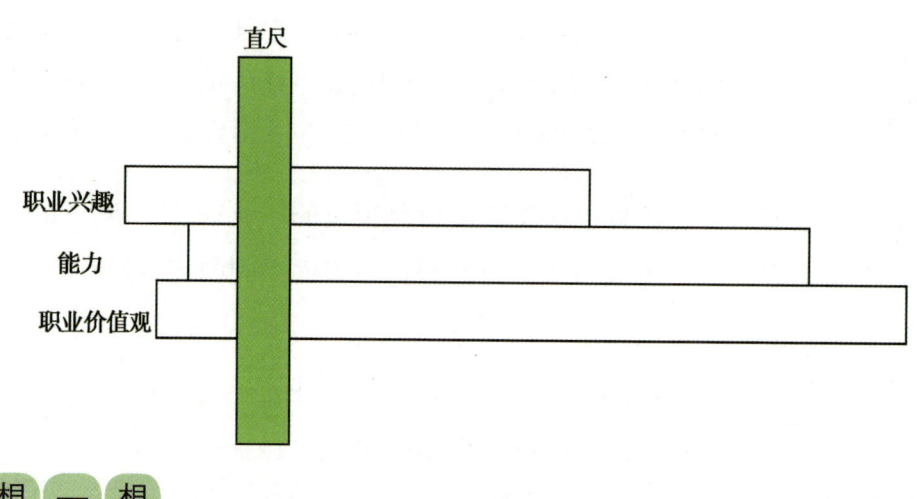

想一想

1. 在三张纸条的最左端，分别写着你的最强兴趣、最强能力和最重要的价值观。首先将直尺定位于此，观察这三者的组合。想一想，你的最强兴趣和最强能力是一致的吗？最强兴趣和最强能力能兑现出最重要的价值观吗？把思考结果写在下面的横线上。

_____

_____

2. 尝试拉动纸条，构成其他新的组合。可以将你的职业兴趣、能力和职业价值观中的前三位都进行组合。想一想，每项内容都指向哪些相匹配的工作？组合起来看时有共同指向的一类工作吗？哪一种组合指向的整合结果是你目前最满意、最倾向的？将它记录在下表里，并思考你选择它的原因。如果你不知道怎么填，可以先看看后面郭娜是怎么做的。

要素	具体内容及指向工作	整合结果	选择原因
职业兴趣			
能力			
职业价值观			
其他方面			

3. 整合之后，你还有哪些疑虑或困惑吗？你能做些什么解决这些问题？

> 我最突出的兴趣是唱歌与跳舞，都指向文娱相关工作；优势能力是运动智能、人际智能和语言智能，而音乐智能方面节奏感好但不擅长歌唱，指向运动类、人际交往类、文字类的工作；我的职业价值观倾向于美的追求、创造发明和成就满足，指向艺术类、创作类工作。至于其他方面，我的性格外向，气质类型为多血质，适合与人接触多和需要灵活应变的工作。
>
> 综上，我整合得出的结果有舞蹈表演、音乐经纪人、作词、主持人、文艺创作或编导等方面的工作。我目前比较倾向文娱类工作，尤其是主持人这个职业，因为我很享受站在台上的感觉，自己从事这类工作也有一定优势。但我觉得自己还需要进一步了解这类工作，从而确定自己是不是真的适合。此外，我也想尝试提升自己的演唱能力，看看有没有可能将兴趣转变成专长。

生涯成长

生涯攻略

> 个体的职业兴趣、能力和职业价值观三者相互作用，共同影响我们的生涯发展。

> 考虑兴趣和能力的高低分布以及自己所处的生涯阶段，可以帮助我们更好地应对内部冲突。

> 综合地考虑职业兴趣、能力和职业价值观，能够让我们更清晰地规划未来。

拓展阅读："知己"与"知彼"的联系

我们在成长的过程中逐渐走近真实的自己，我们会发现自己是多元的。与此同时，我们又是在不断成长变化的，这就需要我们不断去探索、去整合。

"知己"是我们进行个人生涯规划的一个重点，而另一个重点则是"知彼"。也就是说，我们不止要了解个人的内在世界，还需要探索、了解外在的工作世界，并认识它们之间的联系。在下表中，每一行的左右两列都是彼此关联的。比如，个人的能力与职业所需要的能力是密切相关、需要我们去考虑匹配的。在探索、接触外界世界的过程中，我们不但会了解各种工作的具体情况，还能够对自己有更清晰的认识，从而更容易找到适合自己的职业方向。

个人的内在世界	外在的工作世界
兴趣	职业的分类与内容
能力	职业所需要的能力
价值观	工作待遇、条件
人格特质	职业所需特质

说一说：了解自己与外在世界的联系之后，你期待了解外在工作世界中的哪些内容呢？

第6课　善用生涯资源

生涯探问

看 图 说 话

(图片来源：上海人民美术出版社《三国演义》连环画，画作者：杨青华)

上面的图画反映的是《三国演义》中哪一段脍炙人口的故事？结合你所知道

的三国故事，谈一谈刘备在自己的生涯发展中曾经获得过哪些助力？他是如何获得这些助力的？你从中得到哪些启发呢？

生涯求知

生涯发展与环境资源

俗话说，"时势造英雄"，"一个好汉三个帮"。刘备的成就离不开当时的社会环境和关羽、张飞、诸葛亮等人的辅助。可见，个体的生涯发展与环境密不可分。环境能够为个体的生涯发展提供资源与助力，同时，环境中也可能存在生涯发展的障碍。

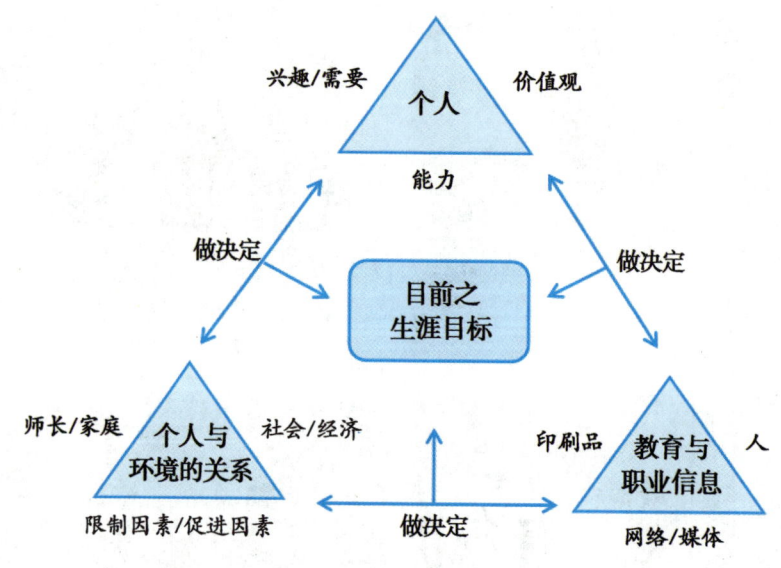

斯温的生涯规划模式图

心理学家斯温（Swain）认为个体在做生涯规划时需要考虑个人、个人与环境的关系、教育与职业信息这三个方面，如上图所示。个人与环境之间的关系，会影响个人自我探索的深度和广度，也会影响信息收集的准确性和全面性。因此，在生涯规划过程中，我们需要探索环境与个人的关系，分析环境中有哪些因素可能会促进或限制我们的生涯发展，从而有效利用环境中的资源，推动生涯目标的实现。

在生涯发展中，我们能够从环境中获取的资源主要来自周围的重要他人，如家庭成员、朋友、同事、亲属和邻居等，都可以对个体的生涯发展提供支持。国内学者侯志瑾教授认为，这种生涯社会支持包括物质支持、建议支持、情感支持、信息支持等四个方面。

除了重要他人之外，我们还有很多渠道可以获取资源。例如，学校的学习和实践机会，社会公共资源（如博物馆、图书馆）、网络学习资源（如在线教育平台、学习软件）等，都可以成为支持我们生涯发展的有效资源。

生涯践行

活动一：生涯资源初识别

下面的生涯资源调查表中列出了20项你可能接受过的来自身边重要他人的支持。每一种支持类型都有五个来源（父母、兄弟姐妹、老师、朋友同学和亲戚），请在空格中选填以下数字：①几乎没有，②很少，③一般，④很多，⑤特别多。（注：此处兄弟姐妹包括亲戚中的兄弟姐妹，而亲戚则主要指长辈。）

社会支持类型	项目	父母	兄弟姐妹	老师	朋友/同学	亲戚	类型总分
物质	1. 为我提供学费。						
	2. 为我提供生活费。						
	3. 提供学习、生活用品等。						
建议	4. 关于未来学业及发展，给我建议。						
	5. 和我探讨如何过好中学生活、如何处理好人际关系等。						
	6. 给我学业方面的指导、启发和帮助。						

续表

社会支持类型	项目	父母	兄弟姐妹	老师	朋友/同学	亲戚	类型总分
	7. 在我面对选择时，和我一起分析，为我提供建议。						
	8. 和我谈及现在做些什么可以使我有更好的发展。						
	9. 教给我一些在未来工作中可能会用到的东西。						
情感	10. 特别相信我、信任我。						
	11. 以我为荣，为我的成功高兴。						
	12. 在乎我的感受。						
	13. 接纳我、喜欢我本来的样子。						
信息	14. 提前告诉我一些关于中学/大学生活的信息。						
	15. 为我提供兼职、参观、访问等方面的信息和机会。						
	16. 告诉我有关我感兴趣的专业的发展前景、就业情况等。						
	17. 给我介绍很多人认识，扩大了我的交友范围和人际关系网络。						
	18. 和我谈及有关未来工作的事情，让我对工作有了一些了解。						
	19. 和我分享学习、工作中的经验教训。						
	20. 告诉我关于升学、求职的信息。						
	各列总分						

（注：选①计1分，选②计2分，选③计3分，选④计4分，选⑤计5分，请按要求计算相应总分。）

通过上表，你发现自己在哪方面获取的支持较多，哪方面相对少一些？你还可以怎么做来获取更多的支持？

除了重要他人提供的支持外，你还可以通过哪些渠道获取哪些资源来助力生涯目标的实现？

活动二：资源利用有方法

吴珊酷爱哲学，希望将来高考也能报考哲学专业，但她的父母觉得她不过是一时兴起，这个专业又不好找工作，所以一直很反对。为此吴珊和父母经常发生争吵。

吴珊向政治老师王老师倾诉了自己的苦恼。王老师建议她先去多了解这个专业，再慢慢跟父母沟通。王老师又陆续向她推荐了一些书，还支持她创建了学校的哲学爱好者社团。在社团里，吴珊结识了很多志同道合的伙伴，大家经常一起交流哲学问题、互相借阅书籍、分享网络资源。吴珊还经常去学校和市图书馆借阅哲学著作，也学习在线课程，还关注了一些哲学教授的公众号，时常向他们请教。王老师看她这么好学，鼓励她在学校的社团巡礼节上做一次主题讲座，分享自己的所学所思。讲座当天，吴珊的父母被班主任邀请来做听众。看到吴珊在台上侃侃而谈、神采飞扬的样子，父母非常震撼，从此逐渐接受和支持她学习哲学了。

当吴珊遇到生涯困惑时，她运用了哪些生涯资源来解决问题？请把你的答案填入下表。

吴珊的生涯资源库

渠道	具体内容
老师	物质支持： 建议支持： 情感支持： 信息支持：
朋友/同学	物质支持： 建议支持： 情感支持： 信息支持：
学校	
社会	
网络	

吴珊是如何使用上述资源解决生涯困惑的？这对你有什么启发？

活动三：善用我的资源库

你目前的生涯目标是什么？是否存在一些生涯困惑呢？请你按照下面表格的提示，尝试整理自己可以利用的生涯资源。

我的生涯目标和生涯困惑：

我的生涯资源库

渠道	具体内容
父母	物质支持： 建议支持： 情感支持： 信息支持：
兄弟姐妹	物质支持： 建议支持： 情感支持： 信息支持：
老师	物质支持： 建议支持： 情感支持： 信息支持：
朋友/同学	物质支持： 建议支持： 情感支持： 信息支持：
亲戚	物质支持： 建议支持： 情感支持： 信息支持：
学校	
社会	
网络	

在以上资源库中，你已经使用了哪些资源？效果如何？

还有哪些资源可能有助于达成你的目标，解决你的困惑，但未得到充分使用？接下来你可以怎么做？

生涯成长

生涯攻略

➢ 我们可以通过父母师友等重要他人以及学校、社会和网络等多种渠道获取生涯发展的助力和资源。

➢ 在生涯发展中，应保持开放的态度，积极主动地挖掘和利用生涯资源，促进生涯问题的解决和生涯目标的实现。

拓展活动：我的生涯家谱图

生涯家谱图是一个收集家族中三代成员受教育程度和职业概况的工具。通过绘制生涯家谱图，可以将代际传承形象地表达出来，帮助我们深入思考家庭对自己生涯发展的影响。

示例：

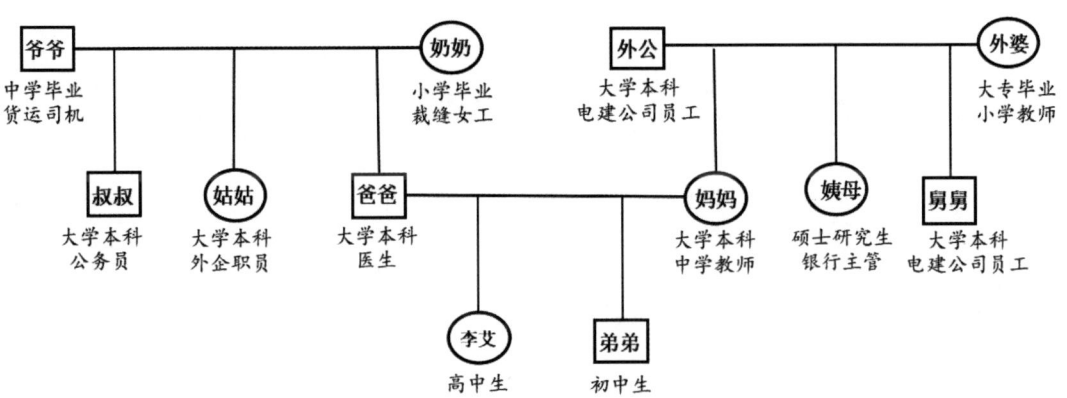

上面是李艾的生涯家谱图。一般来说，圆形代表女性，方形代表男性，每个图形内写称呼，图形下方写受教育程度和职业。请你也画一画你的生涯家谱图吧！绘制完成后，可以思考以下问题：

1. 你感兴趣的专业、职业有哪些？与生涯家谱中的哪些人有什么关系？

2. 谁对你帮助最大？想起他（她）你有什么感受？你欣赏他（她）的什么品质？

3. 家人对你的生涯有什么期待？为什么？你的生涯期待又是什么？

4. 通过绘制生涯家谱图，你有哪些新发现？这份察觉有可能带来哪些新改变？

第 7 课　升学路径知多少

> **生涯探问**

一份特殊的录取捷报

近日，一份张贴于学校宣传栏的录取捷报吸引了向小川的注意。向小川一方面为这位学长感到开心，另一方面又困惑于喜报中提及的"强基计划"是怎么回事。

你知道这位学长是通过什么方式实现升学的吗？除了普通高考，你还知道其他升学路径吗？

生涯求知

条条大路通罗马：新高考模式下的升学路径

自2021年开始，福建省实施新高考政策，其中选科模式为"3＋1＋2"。"3"为全国统一高考科目语文、数学、外语，"1"为"首选科目"，即要求从物理、历史2门科目中自主选择1门，"2"为"再选科目"，即要求从思想政治、地理、化学、生物4门科目中再自主选择2门。另外，新高考打破传统高考"一考定终身"的评价模式，实行了"学业水平考试"，对高中课程设置了合格性考试和选择性考试。

高考招生录取至此形成了新机制，依据统一高考和普通高中学业水平考试成绩，同时参考综合素质评价（"两依据一参考"）进行录取，具有分类考试、综合评价、多元录取的特点。因此，多元化的高校升学路径已成为一种趋势。而"强基计划""综合评价"招生方式，正是新高考背景下，高校升学路径的新尝试。除了参加普通高考，并按照常规流程填报志愿被录取之外，其他升学路径及其概况见下表。

序号	路径名称	路径概况	其他说明
第一部分：无须参加高考			
1	保送	指中学推荐保送，经有关高校考察同意，免予参加高考而直接录取入学。	中学生学科奥林匹克竞赛国家集训队成员、部分外国语中学推荐优秀学生、公安英烈子女、退役运动员四类具备高校保送资格。
2	特殊招生计划	部分高校招收综合素质优秀或具有某领域潜质及特长的学生，并为其制订有针对性的培养方案。	例如，清华大学丘成桐数学科学领军人才培养计划、北京大学物理学科卓越人才培养计划等。

续表

序号	路径名称	路径概况	其他说明
第二部分：基于多元评价录取			
3	强基计划	2020年开始实施的招生模式，主要选拔培养有志于服务国家重大战略需求且综合素质优秀或基础学科拔尖的学生，主要在基础学科和国家重点建设的关键学科领域招生。	■ 考生参加统一高考和高校考核后，高校根据考生高考成绩、高校综合考核结果及综合素质评价情况等，按比例合成考生综合成绩，择优录取。 ■ 特殊要求：与普通高考流程不同，高校单独发布强基计划招生简章，考生自行报名，参加高考和高校校测。
4	综合评价	指根据考生各指标按照一定比例换算后，对考生综合评价，择优录取的招生模式。目前仅在较少高校试行。	■ 根据考生高考成绩、高校校测成绩、高中学业水平测试成绩、综合素质评价等内容按比例换算后择优录取。 ■ 与强基计划一样需要单独报名和参加高校校测，但在参考成绩、适用专业、实行高校等方面与强基计划存在不同。
第三部分：在就业方面有特殊规定			
5	定向招生	指为了帮助边远地区、少数民族地区和工作环境比较艰苦的行业培养人才，保证其得到一定数量的毕业生而制定的一项政策。	■ 考生自愿填报有关高校定向就业招生志愿，一般可获得降分录取和减免学费的优惠。 ■ 按有关政策被录取为定向生，将对所在地区和后续就业有要求。

续表

序号	路径名称	路径概况	其他说明
6	公费师范生	考生报考后有条件地接受公费师范教育。政府安排学生在校期间的学费、住宿费，并发放生活补贴。	■ 两种类型：国家公费师范生（6所教育部属师范院校）和地方公费师范生。 ■ 报考条件：参加高考、达到相关录取分数线、在提前批次完成志愿填报等。 ■ 一般毕业后回生源省份中小学任教。
7	优师计划	是中西部欠发达地区优秀教师定向培养计划，采取在校学习期间免除学费、免缴住宿费并补助生活费的方式，为脱贫地区定向培养优秀教师的政策。	■ 两种类型：国家优师计划（6所教育部部属师范院校）和地方优师计划。 ■ 与公费师范生的区别：就业地域不同。公费师范生回生源省份就业，优师计划则限在生源省份的定向脱贫县任教。
8	免费医学生	指部分高等医学院校招收国家免费医学生，重点为乡镇卫生院及以下医疗卫生机构定向培养医学人才。	■ 两种类型：5年制本科和3年制专科。 ■ 报考免费医学定向招生计划的考生均须参加全国统一高考，实行单列志愿、单设批次、单独划线，在提前批次录取。
		第四部分：艺术/体育类专业	
9	艺术类招生	指高校艺术类专业经过省级招生机构组织的专业测试、高校的专业测试，结合高考成绩择优为艺术类专业选拔人才的招生方式。	■ 考生须通过艺术专业考试，包括省统考和校考两种形式；且考生要参加高考，按艺术类院校录取标准录取。 ■ 根据最新政策，自2024年起高校高水平艺术团不再从高校招生环节选拔。

续表

序号	路径名称	路径概况	其他说明
10	体育类招生	符合普通高校招生报名条件且具有一定体育专长的考生，可报考体育类招生。	体育类招生主要有以下三种类型： ■ 体育专业招生：考生须分别参加省体育专业考试和高考。 ■ 体育单招：报考运动训练、武术与民族传统体育的考生，可参加单独招生考试。须具备二级运动员（含）以上运动技术等级资格。 ■ 高水平运动队：2024年起，符合生源省份高考报名条件，获得国家一级运动员（含）以上技术等级称号者方可报考高水平运动队。此类考生录取后进入普通专业学习。
		第五部分：须通过政审	
11	军校生	指在军事院校求学的学生。在校期间享受军人待遇，并计算军龄，毕业后直接面向军队安排工作。	■ 按照就业岗位不同，分为指挥类和非指挥类两种。 ■ 对考生年龄有明确限制，须按规定参加面试、军检和政治审核或体能测试等。
12	定向培养军士	指从非军事部门招收、经高考选拔，依托高校定向培养，毕业后直接补充到部队服役的全日制高校学生。	■ 目前培养对象全部为专科（高职）学生。 ■ 学制3年，毕业后取得大专学历。 ■ 定向培养军士学校设有文化课程、体能训练，基本为军事化管理和训练。
13	公安院校招生	指国家针对警察专业培养目标与选拔要求而设置的一种特殊招生模式。	考生须按照规定参加高考、政治审核、体能测试、体检等。两种类型：普通公安院校招生（含定向培养特殊公安专业招生）、现役公安院校招生。

续表

序号	路径名称	路径概况	其他说明
14	飞行员招生	一般分为空军招飞、海军招飞与民航招飞，须经过报名、初选、复选、定选等阶段，且需参加高考，属提前批录取。	空军招飞：包括初选、文化测试、复选和定选四阶段。学员入空军航空大学后，实行3个月考察期，合格者取得学籍、军籍。 招生录取流程：报名→初选→复选→政治审核→高考→定选→志愿填报→录取
			海军招飞：包括初选、全面检测、定选录取三级选拔。学员入海军航空大学学习，实行3个月考察期，合格者取得学籍、军籍。 招生录取流程：报名→初选→全面检测→高考→定选→志愿填报→录取
			民航招飞：民用航空公司委托高校培养飞行学员，学习飞行技术专业。学员毕业后，一般分配到定向的航空公司所属单位工作。 招生录取流程：报名→初检面试→体检及飞行职业心理学检测→确认有效招飞申请→背景调查→高考→录取
		第六部分：面向偏远、贫困地区	
15	三大专项计划	三大专项计划是面向农村和原贫困地区学生招生的国家专项计划、地方专项计划和高校专项计划。按照国家部署，专项计划实施区域的贫困县脱贫后，仍可继续享受专项计划政策。	国家专项计划：由中央部属高校和地方重点高校为主的本科高校承担，面向原贫困地区定向招生的一种招生计划。
			地方专项计划：地方相关高校定向招收本省（区、市）实施区域的农村学生。
			高校专项计划：定向招收边远、原贫困、民族等地区县（含县级市）及以下高中勤奋好学、成绩优良的农村学生的一种招生计划。

续表

序号	路径名称	路径概况	其他说明
第七部分：面向少数民族			
16	民族班	面向少数民族考生，录取过程中享受一定加分优惠的指导性定向就业招生计划。	民族班不需要多读一年的预科，学制与正常的本专科相同。且不需要单独填报志愿，在同批次相关院校中正常录取。
17	民族预科班		在正常的本科或专科教学前，考生要多读一年高中的文化课。另外，其录取是在相应批次院校录取结束后单独进行，考生需要在相应批次后面单独填报少数民族预科志愿。
第八部分：其他途径			
18	留学及港澳台高校招生	指选择在高中时期或者高中毕业之后赴港澳台或国外留学的升学方式。具体招生条件以各地招生要求为准。	■ 港澳台高校招生模式包括两种：1. 参加统一高考、填志愿，提前批录取；2. 独立招生，参加高考且参加各学校校测。 ■ 申请留学包括三种方式：自主申请留学、通过中介申请留学、通过中外合作办学出国留学。

看！我们进入大学有这么多种途径！

嗯，在新高考模式下，我们通往梦想大学的路径更多了。但是我们该如何去了解各种升学途径的具体信息呢？

升学路径信息搜集

多种选科、多种组合、多种考试和多元的评价组成了多元的升学路径，为我们提供了多种路径。但各种升学路径分别是什么、需要具备什么条件、对未来生涯发展有什么帮助和限制……想要了解这些内容，我们还需要搜集和探索更多的信息。

通常可以通过以下几种途径搜集升学信息：

1. 官方平台

通常各省市教育考试网（如福建省教育考试院官网）会提供官方高招政策和通知；各高校官网会提供本校的招生简章，为我们提供各种报考的条件和细节要求；阳光高考、自主选拔在线等网站则提供了升学路径的各种解读信息。

2. 非官方平台

新高考政策的实施使得各地涌现一大批关于升学规划的微信公众号，开展相关讲座、解答疑问等公益咨询服务。此外还可以通过百度百科、知乎、网易等门户网站搜集相关信息。需要注意的是，通过非官方途径可以快速获取信息，但信息的真实性、准确度有待进一步验证，只能作为官方信息的补充。我们须注意信息时效性，学会整合官方、非官方两种途径获得的信息，确保获取最新的准确信息。

3. 访谈、咨询

可以访问通过特殊路径升学的学长学姐、亲戚长辈等，直接具体地了解他们的升学经验和细节；也可以拨打高校招生办电话，咨询最新的招生信息。

总之，了解升学路径的渠道很多，我们需注意不要偏听偏信，应该尽可能及时、持续地关注相关招生信息，同时多角度、客观地分析和判断。

生涯践行

活动一：升学信息集合点

新高考选才模式呈现出来的多元录取机制使得升学从"千军万马过独木桥"变为"多元立交桥"。多元立交桥上分岔的路口很多，我们需要了解的内容也很多，比如：1. 是否有具体的选考要求？2. 是否有户籍/学籍要求？3. 招生程序是什么？4. 招生院校有哪些？5. 是否必须参加高考？此外，你还能想到哪些问题，请罗列在下面。

6.　　　　　　　　　　　　　9.
7.　　　　　　　　　　　　　10.
8.

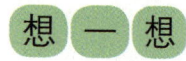

以上这些内容，我们可以概括为哪几个方面，以方便按类搜索、整合信息呢？

活动二：升学路径活地图

选择你想要进一步了解的一种或几种升学路径，通过各种渠道和途径去搜集该路径的相关资讯，并以思维导图的形式记录下来。

> 经过搜集信息，我对各种升学路径有了初步的了解。我发现自己同时符合几种升学路径的报考条件，我该如何选择更适合自己的、未来不容易后悔的那条路呢？

想一想，并回答下面的问题：

1. 我的理想大学和专业分别是什么？
2. 哪些升学路径能够帮助我进入理想大学和专业？这些路径各自有什么好处与限制？

3. 我还可以采取什么措施确定自己的"最优选"？

生涯成长

生涯攻略

- 了解多元升学路径，看到未来更多的可能。
- 持续关注升学信息，及时获得新信息。
- 合理看待热门升学路径，适合自己的就是最好的。

拓展活动：向学长学姐取经

"学长学姐"不仅是一声亲近的称呼，也是很重要的信息来源。与你的小伙伴组成小组，围绕你们感兴趣的升学问题，如他们的升学途径、大学入学后的生活等，集思广益拟定一份采访稿，一起采访已毕业的学长学姐，来获得最鲜活的信息吧！

第8课 合理选科不盲目

生涯探问

磨人的选科组合

俞小施从小就对医务工作者很敬重,希望长大后也能担当起治病救人的重任。高一下学期开始选科时,她了解到大部分医学类专业都要必选物理,可是她对物理没有兴趣,成绩也不好,只能选择历史。后来在家人的帮助下,她通过查询相关信息发现有很多大学的护理学专业不限首选科目,同时大多要求再选科目有化学或生物。而她高一时政治、地理、化学、生物四科的成绩差不多,于是本着对医务工作的热爱,她做出了"史化生"的选科组合。

结果到了高二后,她发现这个组合特别折磨人,由于史化生三科之间的学科联系特别少,导致她要在每一科上都花费不少时间学习,并且化生两科采用等级赋分制,并非计算原始分,导致她的总分优势越来越弱。高二的学习让俞小施感到特别吃力,也让她很沮丧,到高三曾一度想过更换学科组合,但一来学习时间不允许,二来护理学专业对俞小施的吸引力还是很大,她选择咬牙坚持。但她高考的分数并不理想,最终还是没能实现她的医护之梦,被调剂到了十分陌生的园林专业。

看了俞小施的选科经历,你有什么感想?

生涯求知

新高考，新选科

新高考政策下，高校招生录取总成绩由语文、数学、外语 3 门统一高考科目成绩和 3 门选择性考试科目成绩构成，满分 750 分。其中，选择性考试科目由考生首先在物理、历史 2 门中选择 1 门（称为首选科目），再在思想政治、地理、化学、生物 4 门中选择 2 门（称为再选科目）。因此，新高考政策也被简称为"3＋1＋2"模式。

实行新高考以后，福建省高校招生投档调整为以"院校＋专业组"或"院校＋专业（类）"为一个志愿单位进行高考志愿填报及投档（详细内容见第 13 课《高考志愿那些事》）。按照物理科目组合、历史科目组合两类分列招生计划，分开划线，分开投档录取。

总体上看，新高考选科有 12 种组合，我们选择的空间变大，选择难度也增大。那么要如何合理进行选科呢？

首先，需要认真了解各高校各专业招生的选考科目要求。

高校提出的选考科目要求可分为四类：

（一）第一类是对首选科目和再选科目都未提出要求的，即"不提科目要求"，表示不管选考哪科都可以报考。

（二）第二类是只对首选科目提出要求的，如"物理（1 门科目考生必须选考方可报考）"，表示首选科目为物理、再选科目为任意 2 科的考生方可报考。

（三）第三类是只对再选科目提出要求的，如"化学（1 门科目考生必须选考方可报考）"，表示首选科目为物理或历史、再选科目选考化学的考生方可报考；如"化学，生物（2门科目考生均须选考方可报考）"，表示首选科目为物理或历史、再选科目选考化学和生物的考生方可报考。

（四）第四类是对首选科目和再选科目均提出选考要求的，如"物理，化学（2门科目考生均须选考方可报考）"，表示首选科目为物理、再选科目选考化学的考生方可报考；如"物理，化学，生物（3门科目考生均须选考方可报考）"，表示首选科目为物理、再选科目选考化学和生物的考生方可报考。

考生可登录各省（市、自治区）教育厅官网查询各高校和专业的选科要求。以福建省为例，考生可访问福建省教育厅网站（网址：http://jyt.fujian.gov.cn/）的"专题栏目"中"福建省高考综合改革"专栏，了解当年相应专业选考科目的要求。此外，如果你已经确定了具体的目标院校，还可以去院校官网上查询具体专业的选科要求。不过，需要注意的是，高校公布的招生专业选考科目要求为高校在所有实施高考综合改革省份的选科要求，高校在招生当年将根据实际情况统筹安排各省物理科目组合和历史科目组合的招生计划，例如，某高校官网上公布某专业的选考要求是物理和历史均可，但该专业仍有可能当年在某省只招物理组考生，或只招历史组考生，甚至在该省当年不招生。

其次，还要掌握一些选科小技巧。

了解高校选考科目要求后，我们还应该综合考虑自己的兴趣、能力、价值观等个人特质，以及家庭的期望和所在高中的资源等外在因素，来选择自己的科目。

在选科过程中，尽量避开以下误区：（一）不要只看哪科分高，有些科目的学习难度出现在高二、高三，高一成绩只能做参考。（二）不要三心二意，确定科目后尽量不更改。（三）在"2选1"＋"4选2"的过程中，最好避免"偏文＋偏理"组合或"偏理＋偏文"组合（如："史＋化＋生"或"物＋政＋地"）。因为这样的选择，三门学科之间的关联度不高，增加了学习的难度，未来可选专业相关度也不高，而且可能会受到某些专业的限制。比如某些医学类专业要求选考物理、化学两科，如果没有选化学，就不能填报这些专业。甚至有些高中很难单独为该组合学生设计走班的课程时间表，不利于我们今后的学习。

总而言之，新高考对自我意识和未来规划的要求明显提高。不论怎么选科，选什么组合，都要明确自己想做什么，能做什么。因此，做好未来的规划是选科的基础。

生涯践行

活动一：选科要求考考你

（一）填空题。请根据下面的图表，完成下面的填空。

示例：陈小敢想报考厦门大学的工商管理类专业，那么他的首选科目是<u>物理或历史均可</u>，再选科目<u>没有要求，可任选</u>。

1. 张乐想报考厦门大学的社会学专业，那么他的首选科目是_____，再选科目_____。

2. 谢莹想报考厦门大学的国际政治专业，那么她的首选科目是_____，再选科目_____。

3. 杨果想报考厦门大学的新能源科学与工程专业，那么他的首选科目是_____，再选科目_____。

院校	招生专业（类）	包含专业	首选科目要求	再选科目要求
厦门大学	工商管理类	人力资源管理、工商管理、市场营销、旅游管理、酒店管理	物理或历史	不提科目要求
厦门大学	社会学类	社会工作、社会学、人类学	物理或历史	不提科目要求
厦门大学	能源动力类	新能源科学与工程、储能科学与工程	物理	化学
厦门大学	政治学类	国际政治、外交学	物理或历史	思想政治

（说明：以上数据来自福建省教育厅公布的 2024 年拟在福建省招生的普通高校本科专业选考科目要求和厦门大学招生网公布的"2024 年本科招生专业大类设置方案"，实际招生的高校和专业以当年公布为准。）

（二）问答题。请根据下列图表思考并回答：如果你想报考心理学专业，你可以如何选择"1+2"组合，为什么？

_____

_____

院校名称	招生专业名称	首选科目要求	再选科目要求
北京师范大学	心理学	物理	化学
华南师范大学	心理学	物理	不提科目要求
北京大学	心理学类	物理或历史	不提科目要求
福建师范大学	心理学类	物理或历史	不提科目要求
武汉大学	心理学	物理或历史	不提科目要求
龙岩学院	心理学	物理或历史	不提科目要求

（说明：以上数据来自福建省教育厅公布的2024年拟在福建省招生的普通高校本科专业选考科目要求，实际招生的高校和专业以当年公布为准。）

通过上述两道题，你发现了什么？

_____

原来同一个专业名称，各个院校的专业培养方向不同，对选科的要求也就不同。所以在选科过程中，我们可以多了解相关院校的专业培养方向、上课内容和院校水平等信息。同时，越是高水平的院校和优势专业，对选考科目的要求也会更高哦！

活动二：等级赋分算一算

等级赋分制是指对考生 4 选 2 科目的卷面成绩进行等级划分，而后依据考生卷面成绩排名所在的等级区间，赋予其对应等级的分数。也就是说最终的分数体现的是你在该科目的考生中的排名情况。政治、地理、化学、生物这 4 个科目实行的就是等级赋分制。包括福建省在内的 8 个第三批新高考省份采用的是统一的划分规则，分为五个等级：

等级	人数占比	全省排名区间	赋分区间
A 等级	15％	(0，15％]	100—86
B 等级	35％	(15％，50％]	85—71
C 等级	35％	(50％，85％]	70—56
D 等级	13％	(85％，98％]	55—41
E 等级	2％	(98％，100％]	40—30

等级赋分的计算公式为：$(Y_2-Y)/(Y-Y_1)=(T_2-X)/(X-T_1)$，其中，$Y_1$ 表示某等级内所有考生原始成绩区间的下限；Y_2 表示某等级内所有考生原始成绩区间的上限；T_1 表示相应等级的赋分区间的下限；T_2 表示相应等级的赋分区间的上限；Y 表示考生的原始成绩；X 表示考生转换后的等级成绩。即：

$$\frac{原始分数区间最大值-原始分}{原始分-原始分数区间最小值}=\frac{赋分区间最大值-赋分成绩}{赋分成绩-赋分区间最小值}$$

来看一个例子。甲同学政治考了 75 分，进入了全省所有参考政治学生中的前 35％ 名次内，可知该生的赋分等级属于 B 等级。又知该省处于 B 等级的学生原始分为 61 至 82 分之间，按照上面的公式和赋分表格，列出计算公式：$(82-75)/(75-61)=(85-X)/(X-71)$，解得约为 80（按四舍五入），因此 80 就是甲同学最后的政治得分，如下图所示。

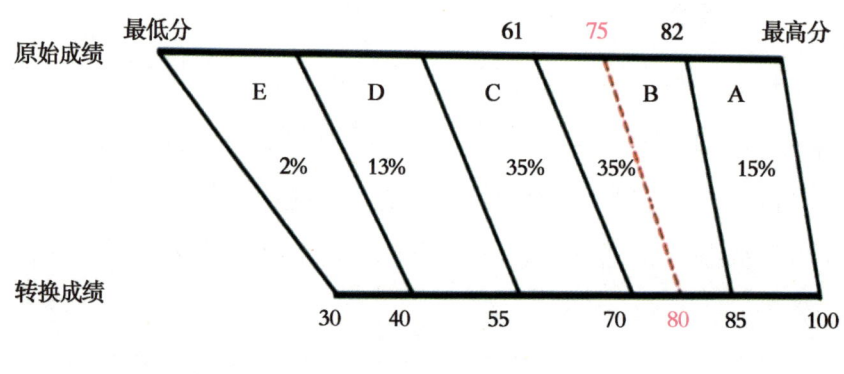

等级赋分转换示意图

下面请你也来试着算一算吧。

乙同学的化学考了 61 分,在全省所有选考化学学生中的名次为前 60%。该省 A、B、C、D、E 等级的原始分区间分别是 98—82、81—65、64—53、52—35、34—0。乙同学的化学最后成绩是多少?

活动三:选科小难题

在选科的过程中,以下同学遇到了这样的难题,如果你是他们的好朋友,可以怎么帮助他们呢?请写在右边的横线上。

李艾想成为数学老师，所以希望报考数学类专业，但她发现目标院校的数学类专业首选科目都是物理，而她的物理成绩不太理想，所以特别纠结怎么选科，如果你是她的好朋友，可以怎么帮助她呢？

杨果的化学成绩比政治好，由于选考化学和政治的人数不同，他发现如果化学和政治考同样的分数，可能政治的最终成绩会高于化学。但是他倾向的专业要求选化学，而选择政治可能获得更高的分数，从而上更好的大学，他很纠结到底是选化学坚持倾向的专业，还是选政治考更好的大学。

生涯成长

生 涯 攻 略

➢ 选科时要了解高考政策、高校招生专业选考科目要求以及相关查询途径等信息。

➢ 各个院校的专业培养方向不同，对选科的要求也就不同。

➢ 选科时，还要综合考虑个人生涯规划、学科兴趣、学业成绩与潜力、等级赋分、外界期待和资源等情况，从个人实际出发进行选择。

拓展阅读：不同选科组合的可报专业数

从 2024 年开始，新高考省份将统一启用"选科指引（3.0 版）"，在双一流大学和热门专业的选科要求中，"物理＋化学＋X"的权重明显上涨，各选科组合的可选专业数见下表。

12种选科组合专业覆盖率统计表			
序号	组合	可选专业数量	覆盖率
1	物理-化学-政治	769	99.74％
2	物理-化学-生物	737	95.59％
3	物理-化学-地理	736	95.46％
4	物理-政治-生物	394	51.10％
5	物理-政治-地理	372	48.35％
6	物理-生物-地理	361	46.95％
7	历史-生物-政治	355	46.04％
8	历史-化学-政治	354	45.91％
9	历史-地理-政治	350	45.40％
10	历史-化学-生物	323	41.89％
11	历史-生物-地理	322	41.76％
12	历史-化学-地理	321	41.63％

（注：数据来自"八闽升学宝"公众号根据2024年拟在福建省招生的普通高校本科专业选考科目要求进行的信息整理，仅供参考。）

由此可知，不同选科组合可报考专业的范围有较大差异。常常有学生会据此选择可报考专业多的科目组合。但是，建议同学们理性看待表中的数据，不要简单地只根据专业覆盖率盲目选科，而要综合考虑自身的具体情况和未来规划进行理性决策。你也可以看看第12课《生涯决策金字塔》来帮助自己选科哦！

第 9 课　专业探索大发现

生涯探问

你对专业了解吗？

张乐最近有点闷闷不乐。他发现身边的同学似乎对未来都有了自己的规划，有的同学说要学医，有的说要学法。而且，确定了心仪专业的他们对选科也都有了比较清晰的想法。他们在学科学习上有所侧重，不仅课内学得很有干劲，还有时间对自己感兴趣的领域进行拓展学习。而张乐对未来还很迷茫，他了解的专业很少，不知道什么专业适合自己，因此他在各门科目上均衡用力。但高中课业繁重，他学得十分吃力，也没有成就感，这令他很苦恼。他希望自己也能像同学那样，对专业有更多的了解，对学业有更合理的规划。

你有自己心仪的专业吗？你对它的了解有多少？下图列出了跟专业有关的一些要素，请你填入自己心仪的专业，并在已了解的要素下打"√"。

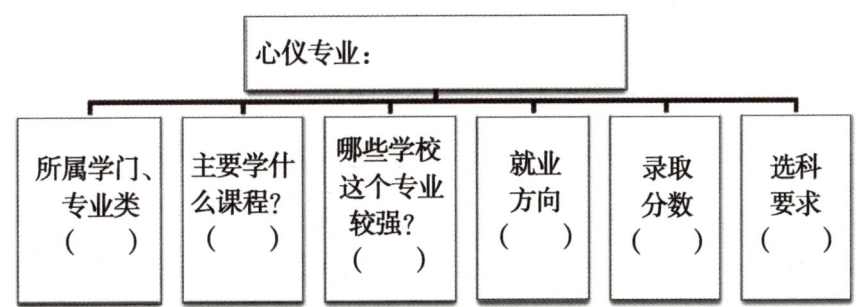

看来选择专业之前需要收集不少信息呢。我对专业真是太缺乏了解了！那我要从哪里入手去了解专业呢？

你可以先了解一下专业的分类以及学科门类之间的关系，这样可以对专业有整体的认识，方便定位探索方向哦！

生涯求知

高校专业的分类

教育部在2012年颁布的《普通高等学校本科专业设置管理规定》对本科专业的层级进行了划分。《普通高等学校本科专业目录（2012年）》（简称《专业目录》）中的"专业"，分为学科门类（简称学门）、专业类和专业三级，其代码分别用两位、四位和六位数字表示。以经济学学门为例，其学门、下属专业类和专业的代码如下图。

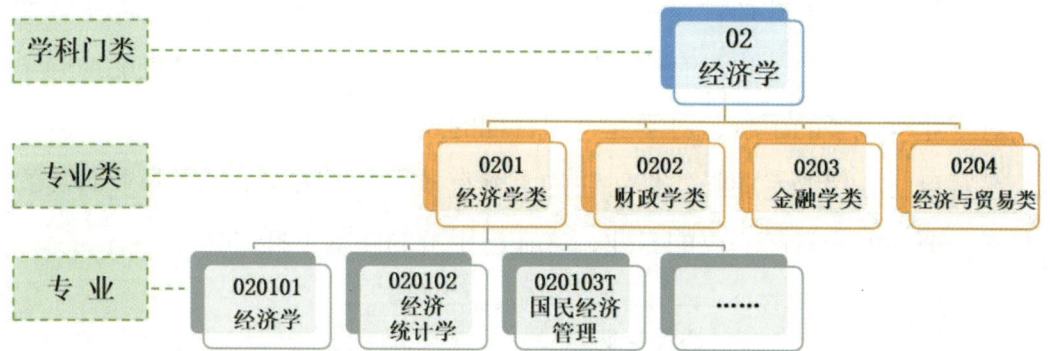

《专业目录》包含基本专业和特设专业。基本专业一般指学科基础比较成熟、社会需求相对稳定、布点数量相对较多、继承性较好的专业。特设专业是满足经济社会发展特殊需求所设置的专业，在专业代码后加"T"表示。涉及国家安全、特殊行业等专业由国家控制布点，称为国家控制布点专业，在专业代码后加"K"表示。

在《普通高等学校本科专业目录（2012 年）》基础上，教育部每年增补近年来批准增设、列入目录的新专业，形成最新的《普通高等学校本科专业目录》，并在教育部官方网站公布。2024 年的《专业目录》共包含 12 个学门，92 个专业类，816 个专业。未设军事学学门，其代码 11 预留。具体数量分布如下表。

2024 年普通高等学校本科专业数量

学科门类	专业类	专业	学科门类	专业类	专业
01 哲学	1	4	07 理学	12	50
02 经济学	4	26	08 工学	31	277
03 法学	6	54	09 农学	7	49
04 教育学	2	32	10 医学	11	62
05 文学	3	127	12 管理学	9	69
06 历史学	1	9	13 艺术学	5	57

职业教育与本科教育的目录不同。教育部发布的《职业教育专业目录（2021年）》中，统一采用专业大类、专业类、专业三级分类，一体化设计中等职业教育、高等职业教育专科、高等职业教育本科不同层次专业，共设置 19 个专业大类、97 个专业类、1349 个专业，其中中职专业 358 个、高职专科专业 744 个、高职本科专业 247 个。

学科门类的关系

文学、历史学、哲学和艺术学四个学门属于人文学科，是基础学科，根基深厚，更具有历史纵深感。

社会科学包含经济学、管理学、教育学和法学四个学门，大多是近代以来逐步从人文学科中分化出来的，研究与阐述各种社会现象及其发展规律，解决具体的社会问题，属于应用学科。

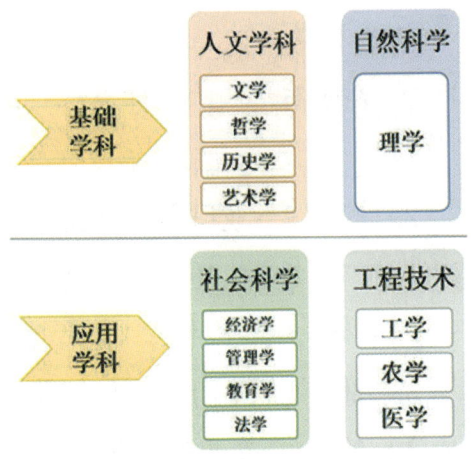

理学学门属于自然科学，是自然科学体系中侧重理论研究的基础学科。

工程技术包含工学、农学和医学三个学门，是自然科学体系中侧重研究技术应用和解决现实问题的科学，属于应用学科。

基础学科强调理论研究能力与抽象思维能力的培养，强调学科素养与可持续发展。应用学科强调动手操作能力与具象思维能力的培养，与相关职业的对口度高，知识需要持续更新。

基础学科向应用学科转换相对比较容易，应用学科向基础学科转换较难。例如学习文学类专业的可以转到教育学专业学习，学习数学专业的可以转到软件工程专业学习，但反向转换就很困难。总的来说，从自然科学到工程技术的转换最容易也最常见。从人文科学、自然科学和工程技术转到社会科学的路径也相对开放，因为社会科学的专业大多属于交叉学科，同时包含其余三大类专业的内容。

了解了学科门类之间的关系，我们可以更好地规划自己的大学学习和深造路径啦！

生涯践行

活动一：目标专业库

专业数量那么多，如果要一个个探索过去，时间肯定不够用。探索专业要有的放矢，所以我们可以先从缩小探索范围入手，筛选出想要深度探索的专业，形成你的目标专业库。以下以本科专业为例，示范筛选步骤。

活动准备：最新版《普通高等学校本科专业目录》、若干空白小卡片、笔。

活动步骤：

1. 在所有学门中，你最感兴趣的 3 个学门是：_____、_____、_____。

2. 查看《专业目录》，从以上你最感兴趣的三个学门下的专业类中，选择最感兴趣的 10 个专业类，将专业类名称和所属学门写在卡片的上方。一张卡片写一个专业类，然后按照感兴趣程度从高到低排上序号。

3. 翻看其他学门下的专业类，如有感兴趣的，也可以写在卡片上，与步骤 2 中选出的 10 个专业类进行对比，调整排序，留下最感兴趣的 10 个专业类。

4. 在已选出的专业类目录下，进一步选出你觉得可能适合你的专业，写在卡片上。

5. 思考选择这个专业的理由，也写在卡片上。（见下图框）

学门：_____   专业类：_____
专业1：_____   选择理由：_____
专业2：_____   选择理由：_____
……

6. 看看所有卡片上的内容，思考是否需要调整排序。请将最终排序结果填入下表。这就是你的目标专业库，接下来你可以依序进行深度探索了。

序号	学科门类	专业类	专业	选择理由
1				
2				
3				
4				
5				
6				
7				
8				
9				
10				

活动二：专业推荐官

俗话说"最好的学习方式就是教会别人"。请你尝试扮演专业推荐官，向身边人推荐你心仪的专业，看看你对它的了解程度如何。推荐过程可以参考以下步骤。

搜索	· 收集专业信息（可参考下面的贴士一和贴士二）
制作	· 制作演示文稿或者海报（建议图文并茂）
推荐	· 向身边的家人、朋友、同学介绍这个专业（时间：30分钟）
反馈	· 向聆听者征求反馈信息（参考问题：听完介绍，对这个专业更加了解了吗？印象最深刻的是哪些部分？对这个专业还有什么疑问吗？）
反思	· 根据反馈，反思自己的探索和介绍（参考问题：我的信息收集是否全面？还有哪些待探索的部分？我的信息整理是否结构清晰、重点突出？我的信息表达是否准确？）
调整	· 补充完善自己的展示内容

想一想

经过这个活动，你对心仪的专业是否如数家珍了？你最大的收获是什么？

贴士一：专业探索的内容

探索项目	具体内容
专业 学什么	1. 此专业属于哪个学科门类和专业类？ 2. 此专业的培养目标是什么？主要学什么课程？ 3. 此专业还有其他名称吗？相近专业有哪些？ 4. 哪些大学设有此专业？排名如何？有哪些名师？ 5. 近三年各大学此专业在本地区的录取人数、分数、位次如何？

续表

探索项目	具体内容
未来干什么	1. 此专业比较适合深造还是就业？ 2. 毕业后主要从事什么职业？发展前景如何？ 3. 该专业有哪些成功人士？他们取得了哪些成就？ 4. 该专业有哪些权威企业或机构？
高中准备什么	1. 该专业适合什么样的人学？ 2. 这个专业的选科要求如何？ 3. 高中阶段可以为此做哪些准备？

贴士二：专业探索的途径

方式	探索途径
线上	1. 可以通过阳光高考网（https://gaokao.chsi.com.cn/）获取专业介绍、录取情况以及就业情况。 2. 可以通过教育部学位与研究生教育发展中心网了解研究生一级学科评估的结果，作为本科专业排名的参考。 3. 可以登录心仪高校官方网站，进入相应院系主页，查找专业介绍、师资介绍等相关信息。 4. 可以通过学习"中国大学MOOC""学堂在线"等网站上各专业的导论课程，初步了解各学科专业的学习内容。
线下	1. 介绍专业的书籍：《果壳帮你选专业》；一些大学出版的本校专业介绍，如浙江大学《教授带你"逛"专业》、华东师范大学《专业师大》等。 2. 与高校接触：如拨打招生热线、参加高校咨询会、实地走访高校等。 3. 采访专业人士：如该专业毕业的校友、亲朋好友等。

活动三：专业AB面

经过一个学期的探索，张乐在"专业推荐官"活动中选择了心理学专业向父母进行推荐。听完推荐，张乐的妈妈说："虽然心理学相关工作未来不容易被AI替代，但听说心理学专业不太好就业，你毕业了找不到工作怎么办？"张乐的爸爸也表达了担忧："听说心理学专业属于理学，你的数理能力并不是很强，你大学学习能适应吗？"张乐原本是冲着喜欢研究人的心理选择了心理学专业，他希望学完心理学以后能够从事助人的工作。但是被父母这么一问，他也犹豫了："看来心理学也不是那么完美啊！我还要不要把心理学当作我的心仪专业呢？可除了心理学之外，我也没有找到哪个专业各方面都很适合自己，该怎么办呢？"

1. 如果你是张乐的好朋友，你会给他什么建议呢？

2. 你是否也有与张乐类似的困扰呢？对于你的目标专业，你现在可以做些什么来强化自己的优势，并减少劣势可能带来的负面影响呢？

生涯成长

生涯攻略

➢ 了解专业分类以及学科门类之间的关系，可以更好地规划求学路径。

➢ 专业探索首先要缩小探索范围，聚焦想要深度探索的专业。

➢ 专业探索可以从专业学什么、未来干什么和高中准备什么三个方面去收集、整理信息。

➢ 可以通过向别人介绍专业的方式来加深自己对专业的了解。

➢ 没有完美的专业，关键在于择己所适，立足当下，为未来做准备。

拓展阅读：如何选择专业？

选择专业的时候要注意避开以下几个常见的雷区。

一、根据名称选择专业

不少专业从名称上很难判断出其真实面貌。例如"信息资源管理"不是计算机类专业，而是管理学专业；"生物医学工程"不是医学专业，而是工学专业。

有一些专业名称相近，实则分属不同学科门类或专业类。例如"信息与计算科学"属于数学类，毕业授予理学学位；而"计算机科学与技术"则属于计算机类，授予的是工学学位。选择时要注意分清这些专业所属的门类。

还有一些专业名称相近，且属于同一个专业类，但是内涵却不太相同。例如"汉语言"和"汉语言文学"，它们都属于文学类下的中国语言文学类专业。但是，"汉语言"更侧重于语言文字，"汉语言文学"则侧重于文学。这一类的例子还有"行政管理"和"公共事业管理"、"电子科学技术"和"电子信息科学技术"等。尤其是工学类，该大类包含的专业类最多，下属的相近专业也最多，选择的时候可得擦亮眼睛，弄清专业内涵。

二、根据录取分数高低选择专业

录取分数是选择专业时必然要考虑的因素，但它并不能完全准确地反映出高校该专业的办学实力。因为录取分数还会受到报考人数、高校的办学层次和地理位置等因素的影响。好的高校也有弱的专业，弱的高校也有好的专业，因此不能仅凭录取分数来选择专业，还要了解专业的办学实力。

高校的本科专业实力从何知晓呢？可以参考教育部学位与研究生教育发展中心颁布的最新一轮全国高校学科评估结果。评估等级较高的学科，对应的本科专业实力通常也较强。还可以参考教育部、财政部、国家发展改革委公布的第二轮"双一流"建设高校及建设学科名单。这份名单上的高校学科本科专业实力也都比较强。

三、根据热门程度选择专业

专业的冷门和热门其实并没有很严格的界定，有时只是大家眼中认为的"冷门"，比如那些没有听说过的专业或者看起来难以就业的专业。其实，专业的热门和冷门是相对的,有些专业虽然冷门,社会需求量不大,但是却是不可或缺的专业,就业满意度高,后期发展好。有些专业虽然热门,社会需求量大,但是竞争也更加激烈。此外,专业的热门程度是会随着时代的发展而发生变化的,所以选择时不能只看当下,还要看未来的发展趋势。

总之,在选择专业时应当综合考虑兴趣、能力、性格、价值观等各方面因素,基于对专业的全面了解,再做理性的选择。

第 10 课　下一站，高校

生涯探问

火眼金睛辨高校

生涯列车不停地向前行进着。你是否憧憬着列车下一站能够停靠"高校站"，继续接受高等教育呢？对于高校，你有多少了解？下面就来小试牛刀吧！

1. 以下呈现几组高校名称，每组中都有一个真高校和一个假高校。请你把真高校圈出来。

中国邮电大学——北京邮电大学
对外经济贸易大学——中国经济贸易大学
北京理工科技大学——北京理工大学
首都师范大学——首都师范学院
上海财经学院——上海财经大学
华东农林科技大学——西北农林科技大学
四川联合大学——四川大学
华中科技大学——华北科技大学

> 有些高校的名称看起来好相似啊，这是怎么回事呢？到底哪个才是对的呢？

2. 以下高校分别属于什么类别？请将左侧高校与它所属的类别进行连线。

厦门大学	公办大学
泉州师范学院	民办大学
福州大学至诚学院	独立学院
黎明职业大学	中外合作办学
闽江师范高等专科学校	高职高专院校
上海纽约大学	

生涯求知

谨防"野鸡大学"

我们经常说的"野鸡大学"，也就是虚假大学，所涉及的欺骗既有假学校，也有假学历。这些虚假大学通常采用与知名高校相似的名称，以混淆视听的方式招收学生，以各种手段钻国家法律的漏洞，滥发文凭。

正规的高等教育机构都是在国家教育部备案的。我们可以到教育部官网（http://www.moe.gov.cn/）查询高校名单。截至2023年6月15日，全国高等学校共计3072所（不包含港澳台高校），其中普通高等学校2820所［含本科院校1275所、高职（专科）院校1545所］、成人高等学校252所。

对于国外高校，教育部通过教育部教育涉外监管信息网和中国留学网公布外国高等学校名单。我们也可以向教育部留学服务中心、中国驻外使领馆教育处组、外国驻华使馆等进行咨询。

对于违规招生的单位，其所招学生的学籍、发放的毕业证书，国家均不予承认。所以，在报考高校之前，请务必认清高校的身份，谨防被虚假高校欺骗。

我国高校的分类

《中华人民共和国高等教育法》规定，高等教育包括学历教育和非学历教育。其中，高等学历教育又分为专科教育、本科教育和研究生教育。我们平时所说的"高校"，就是实施高等教育的学校。其中，高等专科学校实施专科教育，也就是通常所说的"大专"。而本科院校主要实施本科及研究生教育。从名称上来说，高等专科学校一般命名为"某某职业（技术）学院"或"某某高等专科学校"，而本科院校一般命名为"某某大学"或"某某学院"。而且一所高校要被命名为"大学"，往往需要在办学规模等方面达到一定条件。所以不少人会觉得以"大学"为名的高校优于"学院"，而"学院"又优于"职业（技术）学院"和"高等专科学校"。但其实这样简单地根据名称来判断和比较学校优劣是有失偏颇的。有部分学校是由于历史沿革等原因被叫作"大学"的。例如黎明职业大学就是一所高等专科学校，闽江学院这所本科院校在尚未升级为本科院校前也叫"闽江大学"。也有部分高等职业院校是在2019年我国开展本科层次职业教育试点后，由专科升为本科并被命名为"职业大学"的，例如泉州职业技术大学。此外，还有些高校被命名为"某某大学某某学院"，它们通常是由本科院校与国家机构以外的社会组织或者个人合作，利用非国家财政性经费举办（也称民办）的实施本科学历教育的高等学校，被称为独立学院，与一般高校下属的学院有实质性区别。例如，福建师范大学协和学院是实施本科教育的独立学院，是一所民办性质的高校，而福建师范大学心理学院是福建师范大学这所公办高校下属的二级单位。

上面所说的本科和专科高校的分类，只是高校的一种分类。实际上，高校的分类有多种，有根据隶属关系和办学层次等进行的纵向分类，也有更多样化的横向分类。

从纵向分类来看，根据高校管理权限和隶属关系，我国高校可划分为教育部所属高校、中央其他部委所属高校和地方政府所属高校3类；根据是否进入重点建设行列，我国高校划分为"985工程"高校、"211工程"高校、"双一流"建设高校、"双高计划"高职院校等。

从横向分类来看，按照组织者和资金来源不同，我国高校划分为公办高校、民办高校、混合所有制高校等；根据学科设置数量，可将高校分为单科性高校、多科性高校、综合性高校；根据学科专业设置种类，可分为综合大学、理工院校、农业院校、林业院校、政法院校、财经院校、师范院校、医药院校、艺术院校、体育院校、民族院校等；根据人才培养类型的不同，可划分为研究型、应用型和职业技能型。

以上分类，就像高校的身份标签一样。我们在查询高校信息时，由于分类标准不同，一所高校会有多个身份标签。我们在选择心仪的高校时，可以着重关注该高校是否进入重点建设行列。重点建设的高校通常具有较高的办学水平。下表列出了一些常见的建设项目。

项目名称	项目介绍
普通本科教育	
985工程	1998年5月，我国提出要创建若干所具有世界先进水平的一流大学，教育部开始建设"985工程"。首批"985工程"建设高校共9所，即北京大学、清华大学、中国科学技术大学、复旦大学、上海交通大学、西安交通大学、南京大学、浙江大学、哈尔滨工业大学，也称"C9联盟"。截至2013年年末，"985工程"的规模达到稳定，获批建设的高校总计39所。
211工程	"211工程"是指面向21世纪重点建设100所左右的高等学校和一批重点学科的建设工程，于1995年11月经国务院批准后正式启动。"211工程"高校共计112所。
"双一流"建设	世界一流大学和世界一流学科，简称"双一流"。 2017年9月，教育部、财政部、国家发展改革委联合发布《关于公布世界一流大学和一流学科建设高校及建设学科名单的通知》，首批"双一流"建设高校共计137所，其中世界一流大学建设高校42所，世界一流学科建设高校95所。 2022年2月，教育部、财政部、国家发展改革委公布第二轮"双一流"建设高校及建设学科名单。公布的名单共有建设高校147所。

续表

项目名称	项目介绍
高等职业教育	
双高计划	中国特色高水平高职学校和专业建设计划（简称"双高计划"）是为建设一批引领改革、支撑发展、中国特色、世界水平的高等职业学校和专业群的教育工程，亦是推进中国教育现代化的重要决策，被称为"高职双一流"。 2019年12月，教育部、财政部正式公布中国特色高水平高职学校和专业建设计划建设单位名单，首批"双高计划"建设名单共计197所，其中高水平高职学校建设高校56所，高水平专业群建设高校141所。

生涯践行

活动一：高校初印象

假如把你心仪的高校当作嘉宾介绍给别人，请你为它们分别制作名片，方便大家迅速认识这些"嘉宾"。

姓名：_____　　曾用名：_____

年龄：_____　　居住地：_____

身份标签：_____
_____
_____

特　　长：_____
_____

名片中的信息只是高校的冰山一角。要想深入了解一所高校，我们还需要展开全方位的探索。

活动二:"梦之校"档案

参考下面的高校信息清单,尽可能通过多种途径探索自己心仪的高校。给每所"梦之校"制作一份档案,可以使用文字、图片、音频、视频等多种形式,慢慢形成自己的"高校资源库"吧。

高校信息清单

- 高校的基本信息(地理位置、交通、所属类型与层次、学院设置、社会知名度等)
- 学校硬件情况(风景、设施等)
- 学校文化氛围
- 师资水平及科研能力
- 特色专业及排名
- 近三年在本地区招生情况(招生人数、录取分数线及位次)
- 双学位、辅修及转专业等规定
- 奖学金设置
- 毕业生就业情况

了解高校的途径可以参考之前课上介绍的升学路径信息搜集途径。当然,如果有机会能够到喜欢的高校去实地参观、学习,那是了解该高校的最好方式。

这些"梦之校"有哪些地方吸引你呢?请按照喜欢程度,给"梦之校"排个序,并写出喜欢理由。

	梦校一：	梦校二：	梦校三：
喜欢理由	1. 2. 3.	1. 2. 3.	1. 2. 3.

活动三：高校生活实录

进入高校后的生活是什么样的？接受高等教育对一个人来说最重要的意义是什么呢？下面是一些过来人的回答。

"上大学就是为了拿文凭和找工作。"

"上大学期间我认识了一些好朋友，他们到现在还是我最好的伙伴。"

"接受高等教育的四年，让我更加确定了自己未来的职业方向。"

"大学是我职业生涯的启蒙，大学期间的学习与实践为我现在的职业铺了路。虽然很多实操的知识并不是在大学学到的，但是如果没有大学的学习，我也很难敲开现在的职业大门。"

"高校里的同学来自五湖四海，思想、文化和生活习惯等各个方面都存在很大的差异。在这里，我们学习到如何理解、包容差异，有利于以后融入多元化的社会。"

"高校是我们进入社会前的演练。不论学习、工作，还是处理人际关系，我们都可以在大学里进行演练，这让我们更加成熟。"

"大学让我接触到更广阔的世界，让我发现自己存在无限可能。"

看了上面这些回答，你对"我为什么要考大学"这个问题是否有新的领悟呢？请你利用课余时间采访3个以上不同年龄段、接受过高等教育的人，了解他们的高校生活经历，可以从学习进修、职业发展、人际交往、个人情感、身心健康、休闲娱乐、财务管理、家庭生活、服务社会这九个方面进行采访。并让他们谈一谈，他们从高校生活中收获了什么，他们认为接受高等教育的意义在哪里。

采访后，请结合前面两个活动中你对自己心仪高校的了解，思考并回答以下两个问题：

1. 如果能够进入心仪的高校，你希望你的高校生活是什么样的？

_____
_____
_____
_____

2. 接受高等教育对你而言最重要的意义是什么？它可以成为支撑你努力的动力吗？

_____
_____
_____
_____

生涯成长

生 涯 攻 略

> 要注意分辨高校的真假以及所属类别。
> 可以从多种途径全方位了解高校。
> 搜集高校信息时要注意信息的真实性和时效性。
> 接受高等教育不只是为了获得更高的文凭和学历、找到一份好工作，它可以让我们开阔眼界，在知识和技能的学习中逐渐明确职业方向，为开启职业生涯做好准备。

拓展活动：心仪高校坐标轴

以你现在的学业水平为起点，画一个横轴。按照高校录取最低位次的高低顺序，把心仪的高校们在坐标轴上标出来。

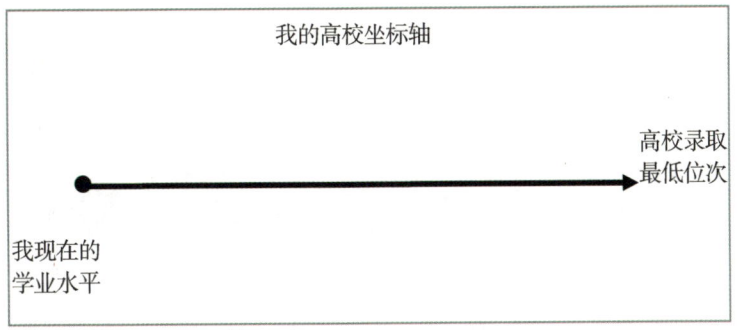

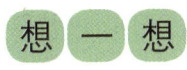

我现在可以做些什么,以逐渐缩小我和心仪高校之间的差距?

_____
_____

第 11 课　走进职业大观园

生涯探问

头脑风暴说职业

围绕关键词"书",在 3 分钟内写出你能想到的与"书"相关的所有职业名称,越多越好。

如果要对以上职业进行归类整理,你会分哪几类?归类的标准是什么?

生涯求知

职业与职业分类

职业是指个人所从事的作为主要生活来源的工作。一般来说，性质相近的一类工作可以称为同一种职业，例如中学心理老师、中学物理老师、中学英语老师都属于"中学教师"这一职业。从事一定职业不仅可以帮助个体积累财富、获得生存所必需的物质资源，还可以带来社会交往、形成社会关系，帮助个体提高能力，促进个人发展与社会进步。

职业与行业、职能、组织相关。行业是从事相同性质的经济活动的所有单位的集合。我国的《国民经济行业分类（2017版）》中将行业分为农林牧渔业、采矿业、制造业、建筑业、教育、金融业、文化体育娱乐业、国际组织等20类行业。行业决定我们在哪个领域工作。职能则是指工作的职责和功能，具体来说有行政、销售、研发、财务等。职能决定我们需要运用什么能力。组织是工作单位，根据其不同的体制，可以分为国家机关、事业单位、企业等。而职业包括了在哪一行业、在哪种组织里从事哪种职能相关的活动。

在日常生活中有许许多多的职业，这么多种职业该如何分类呢？在本书的第2课我们了解到霍兰德将职业分为实际型、研究型、艺术型、社会型、企业型、事务型这六大类型，这是职业的一种分类方式。除此之外，职业的分类方式还有很多，下面我们再来了解一下我国的职业分类大典对职业是怎么分类的。

《中华人民共和国职业分类大典（2022年版）》将我国的职业分为8个大类、79个中类、449个小类、1636个细类。

八个大类如下。

第一大类：党的机关、国家机关、群众团体和社会组织、企事业单位负责人。

第二大类：专业技术人员。

第三大类：办事人员和有关人员。

第四大类：社会生产服务和生活服务人员。

第五大类：农、林、牧、渔业生产及辅助人员。

第六大类：生产制造及有关人员。

第七大类：军队人员。

第八大类：不便分类的其他从业人员。

大典的详细内容可以通过中华人民共和国人力资源和社会保障部官网进行查询。

新时代需要新职业

随着我国进入新发展阶段，国家经济实力、科技实力、综合国力跃上新的台阶，新技术、新产业、新业态发展迅猛，发展变革引发社会职业结构较大规模变迁。为适应新时代的需要，《中华人民共和国职业分类大典》（以下简称《大典》）历经多次修订。关注大典修订的最新动态，可以帮助我们了解一些时代的发展趋势。

2022年版《大典》围绕数字经济、绿色经济、制造强国和依法治国等要求，专门增设或调整了相关中类、小类和细类职业，同时取消或整合了部分类别和职业。例如：将报关专业人员和报检专业人员2个职业整合为报关人员1个职业；取消了电报业务员等职业；增加了法律事务及辅助人员等4个中类，数字技术工程技术人员等15个小类，碳汇计量评估师等158个职业。

国家人力资源和社会保障部每隔几年还会向社会公示一些新职业。这些新职业经公示征求意见、修改完善后，将被纳入新版职业分类大典，例如2022年6月公示了"机器人工程技术人员"等18个新职业。这些新职业具有以下几个特点：

1. 反映了数字经济发展的需要。此次公示的新职业有"机器人工程技术人员""增材制造工程技术人员""数据安全工程技术人员""数字化解决方案设计师""数据库运行管理员""信息系统适配验证师""数字孪生应用技术员""商务数据分析师""农业数字化技术员"等。

2. 顺应了碳达峰碳中和的趋势。能源与经济结构悄然改变的时候，"碳汇计量评估师""综合能源服务员""建筑节能减排咨询师""煤提质工"等新职业应运而生。

3. 满足了人民美好生活的需要。比如出现了"民宿管家""城市轨道交通检修工""退役军人事务员""家庭教育指导师""研学旅行指导师"等新职业。其中，民宿行业的蓬勃发展，短短几年便使"民宿管家"从业者实现由"0"到"百万"的规模跨越。

影响职业变迁与发展的因素

从历史的发展来看，职业是处于不断变迁发展中的。从新旧更替中能够发现影响职业变迁发展的因素有多个。

1. 社会及管理的变革。新型的社会主义市场经济体制的建立为我国经济的发展注入了新的生机与活力。许多计划经济时代的职业处于变革之中，如传统的人事管理职业更新为现代的人力资源管理职业。

2. 技术变革。随着先进科学技术的广泛应用，企业生产工艺不断创新，形成了以互联网技术为代表的高科技产业，它标志着我国的职业又有了新的发展与变迁。随着互联网技术的发展，出现了许多新的职业，如网络工程师、人工智能工程师等。

3. 经济发展。经济发展的结果是服务业的快速发展，从而形成了新的社会分工和新的职业，如生涯规划师、宠物护理师、色彩顾问、旅行策划师等。

4. 产业及行业的演变。伴随着传统产业更新以及科学技术的发展，现代服务业快速诞生，新的社会分工和职业不断涌现，促使我国的职业领域不断拓宽。数控机械制造、电子商务与现代金融业的兴起，职业劳动者队伍迅速扩大，形成了不同职业类别的劳动大军。具有代表性的是高技能操作工人，如数控机床操作技师等。

生涯践行

活动一：招聘启事

先选择一个你熟悉或喜欢的职业，假设一个工作单位要招聘该职业的员工，请思考一下这个工作单位会公布哪些信息，然后请你帮忙设计一份招聘启事。

完成后，你可以找几份与这个职业相关的招聘启事，看看和你写的是否一样，其中有哪些内容是需要补充的？

结合你之前的了解和现在的补充，写一写现在你对这个职业的了解。

_____

_____

活动二：全景看职业

你可能想知道，怎样才算是充分了解一个职业呢？下面是一张职业信息清单，请把你在活动一中已经了解到的职业信息与这份清单做个对照，分析一下你对这个职业的了解足够全面吗？你还可以去了解它的哪些方面？

职业信息清单

入职要求	职业要求的个人资历与经验、学历、技能和能力,所需要的教育培训经历、相关证照等。
工作特点	工作职责、工作内容、需要使用的工具或技术、工作中的人际与物理环境、岗位价值观等。
工作者特质	能力、职业兴趣、工作价值观、工作风格等。
工作回报	薪资待遇及潜在收入空间、个人满意度等。
职业发展	职业发展通道、代表企业、标杆人物和职业发展前景等。

对照清单后,我发现:

_____

_____

活动三:探索路径知多少

在上一个活动中我们看到,要真正认识一个职业,需要了解这么多的信息。那么,要如何获取这些信息呢?实际上,探索职业信息的方式有很多。下面的表格中列出了一些探索途径,请在下表中用蓝色的笔圈出你常用的途径(如果某个你常用的途径没有在表中列出,可以补充在旁边),用红色的笔圈出你不常使用或从未尝试过的途径。

方式	职业信息探索途径
查询	职业信息网站、企业网站、招聘网站、书刊报纸中的职业信息等。
交流	生涯人物访谈、亲朋学长交流、校园生涯宣讲交流会等。
体验	参观、社会实践、实习体验等。

每个人通过不同途径获取信息的难易程度是不同的,每个途径获得信息的准确度也是不同的。对于你常用的职业探索途径,评估一下它们的使用难易程度,以及通过这些途径获取信息的准确度,然后用蓝色的笔把这些途径标记在以下这张坐标图中相应的位置上。再评估一下那些你不常用的途径,你使用它们的难易程度以及这些途径提供信息的准确度,然后用红色的笔把这些途径标记在坐标图中相应的位置上。

准确度

难度

完成坐标图后，观察不同颜色途径的所在位置，思考并回答下面的问题。

1. 你常用的途径能否帮助你获得准确的职业信息？

2. 那些你不常用的途径中，哪些是准确度较高并且对你来说是相对容易的？你可以怎样使用这些途径？

3. 对于那些能够获取准确信息但使用起来有困难的途径，你是否可以想到一些办法或资源来克服困难，从而利用它们进行深入探索？

4. 针对活动二中你希望补充了解的职业信息，你可以通过哪些途径去获取？具体怎么做呢？

生涯成长

生涯攻略

➢ 职业会不断变迁和发展，这一过程受到社会变革、技术变革、经济发展、产业及行业演变等因素的影响。

> 要充分了解一个职业，你需要了解该职业的入职要求、工作特点、工作者特质、工作回报和职业发展等方面的信息。

> 尝试找到最适合自己的职业信息搜集方式，对感兴趣的职业进行有深度的探索。

拓展活动：职业生涯人物访谈

和别人谈论他们的工作是一种了解职业、获取翔实职业信息的有效方式。你可以参考活动二中的表格，选择自己希望了解的内容提前设计一份访谈提纲，把想了解的问题列出来，并在访谈时结合访谈对象的回答，适当补充一些追问。以下访谈提纲可供参考。

职业生涯人物访谈提纲

职业名称		所学专业	
工作单位		工作年限	
职称职务			

访谈问题：
1. 您是如何找到这份工作的？
2. 您的职位的主要职责是什么？
3. 您的工作地点一般在哪里？
4. 请描述一下您一天的日常工作。
5. 就您的工作而言，您最喜欢什么？最不喜欢什么？
6. 您认为您在这份工作中最成功的是什么？
7. 您在从事这份工作时，常面临的问题是什么？
8. 您所在的行业未来的发展趋势是怎样的？
9. 您觉得对于您所从事的工作来说，什么样的个人能力或品质是最重要的？
10. 目前行业内要求从事这份工作的人应该具备怎样的教育背景？
11. 您所在的行业，刚工作的新人和略高级职位的收入大体是多少？
12. 除了薪酬，您认为从事该工作最大的收获是什么？
13. 您会给对这个职业感兴趣的高中生提哪些建议？

访谈的注意事项：

1. 如何选择访谈对象。

访谈他人以获取相关信息不必太正式或紧张，访谈可以是一次漫不经心的谈话，你可以先从熟人谈起——你的亲戚、邻居或父母。当然，如果有机会，更希望你能够挑战与不认识或不熟悉的人沟通。只要时机恰当，人们是很愿意和你交谈的。

2. 访谈前，联系你要访谈的人。进行自我介绍并说明意图，确认访谈的日期、具体时间和方式（例如，是面谈还是通过电话、微信等方式）。

3. 访谈中做好记录，并在访谈结束时对访谈人表示感谢。

第 12 课　生涯决策金字塔

生涯探问

王海的故事

高一的王海，学习成绩良好，喜欢跳绳、跑步和写作，积极热情，善于表达，在辩论赛上的表现极佳。到了高一下学期面临"3＋1＋2"选科时，他了解到物理方向能报的大学比较多，特别是"物理＋化学"组合，几乎涵盖了所有理科专业方向。从成绩上看，他物理和历史的成绩差不多，剩下四科里，成绩高低排序为地理、政治、生物和化学，化学成绩相对较弱，而且他对生物的兴趣也不大。

他希望以后从事记者、编辑等工作，特别是能发挥自己特长和才能的职业。而他的父母从事公务员工作，希望他以后也能加入公务员系统，所以希望他能选择"物理＋化学＋政治"的组合，有利于以后的专业选择和确定公务员方向。而且，他最好的朋友选择了物理方向，很大可能会进王海想进的那个实验班，所以他现在特别犹豫，心里也很着急。

如果你是王海，你会怎么选？为什么？

生涯求知

认知信息加工理论

新高考改革让我们有了更多选择空间，但面对多种选科组合，有些同学可能会像王海一样不知所措。在人生发展过程中，我们可能会面临更多生涯选择，那么，在人生的岔路口，应该如何做选择呢？

加里·彼得森等三位学者根据多年的生涯教学与咨询经验，提出了认知信息加工理论。他们认为做决策的过程就像电脑对信息加工处理的过程（收集数据并编码存储→按程序进行加工运算→对过程和结果进行监控及检查修复）一样，也是由三个层级构成，可以用一幅形似金字塔的图形表示出来（如下图所示），故而也被形象地称为"金字塔模型"。

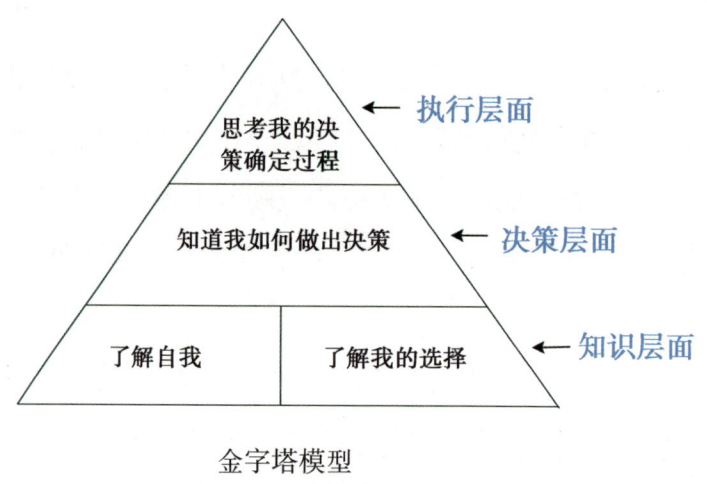

金字塔模型

金字塔底层是知识层面，包括两方面：一是"了解自我"，即对自己的兴趣、能力、价值观等方面的认识；二是"了解我的选择"，即对生涯决策中各个选项的认识。例如，面临选科这一决策问题时，我们既需要了解自己的学科能力、兴趣、理想专业与理想职业等这些有关自我的知识，也需要了解选科政策、各个备选科目的难度、选考科目与报考专业的关系等。可见，做决策前要充分获取内外部信息，做到知己知彼。

金字塔中层是决策层面，包含进行良好决策的五个步骤：沟通、分析、综合、评价与执行。这五个步骤构成一个循环。以选科为例，我们首先通过各方面信息知道自己要进行选科了（沟通），于是着手去搜集尽可能多的和选科有关的信息（分析），然后对得到的信息进行综合加工从而扩大或者缩小自己的选科范围（综合），接着对自己考虑的几个科目进行比较、权衡利弊和排定优先顺序（评估），最后投入对自己选定科目的学习（执行），并在学习过程中进一步感觉、判断自己的选择是否正确（沟通）。了解决策的步骤和相关技巧，有助于我们更好地进行决策。

金字塔顶层是执行层面，指的是个体要对决策的全过程进行思考。例如，我们要思考何时该进一步搜集信息、该搜集何种信息、何时该让自己冷静避免冲动、何时该进行下一步行动，等等。在这一层面，个体的自我觉察与自我控制能力、各种与生涯相关的想法和观念都会影响个体能否合理、审慎地进行思考。因此，要做好决策，我们还需要多进行自我反思，培养积极的生涯观念。

生涯践行

活动一：生涯档案

根据认知信息加工理论，我们在做决策前，需要搜集尽可能多的生涯信息。接下来请你对自我和选科相关知识进行系统的探索，并将探索结果填入下面的一组生涯信息卡，组建你的生涯档案吧。

（一）多面一体的我

请回顾第5课《多面一体的我》活动三中你的自我探索结果，想一想你对自己的认识发生变化了吗？如果发生了变化，请把最新的结果填入下表；如果没有变化，可将之前的结果直接抄写进来。

要素	具体内容及指向结果	整合结果	选择原因
职业兴趣			
能力			
职业价值观			
其他方面			

（二）与选科相关的自我知识

除了兴趣、能力、价值观这些一般性的自我认知之外，我们还需要了解与选科直接相关的自我知识，请你思考并填写。

生涯愿景	你希望在什么样的大学学习？学什么专业？
	你希望自己未来的生活是什么样的？
	你的理想职业是什么？
	你希望未来工作是安稳的、有规律的，还是充满挑战和变化的？
	你还想到什么其他愿望？
学习状况	你的各科成绩和总分的年级排名如何？
	你的各科成绩的稳定性如何？
	排除老师的因素，你对哪门学科的内容更感兴趣？
	哪些学科你投入的时间、精力不算最多，但成绩较好且稳定？
	哪些学科你投入了很多时间、精力，但成绩却并不理想？
	下面哪些描述符合你的学习情况？（可多选） A. 习惯靠投入大量的时间、反复记背知识点和刷题的方法学习。 B. 善于找到知识之间的联系，形成自己对知识的理解框架。 C. 能对同一道复杂的题目运用不同的公式和思路进行解答。 D. 能对一个历史/政治事件进行多维度思考，分析背后的深层逻辑。
	你还想到其他什么信息？

注：对学科内容更感兴趣，投入时间、精力相对较少，但成绩好且稳定的学科，是优势学科，在选择专业时，可以多考虑与此学科相关的专业。同时，在学习状况评估中，A 选项表示偏好灌输式学习；B、C、D 选项表示偏好探究式学习。在面对不同学科时，也可能这两种学习方式偏好都有，那么在选科过程中也要适当考虑。

（三）我的生涯资源

请回顾你的生涯资源库，结合选科，思考并填写你可以从哪些渠道获得哪些具体资源呢。

渠道	具体内容
父母	物质支持： 建议支持： 情感支持： 信息支持：
兄弟姐妹	物质支持： 建议支持： 情感支持： 信息支持：
老师	物质支持： 建议支持： 情感支持： 信息支持：
朋友/同学	物质支持： 建议支持： 情感支持： 信息支持：
亲戚	物质支持： 建议支持： 情感支持： 信息支持：
学校	
社会	
网络	

（四）与选科相关的外部知识

下表所呈现的是与选科相关的外部知识，请你根据自己的情况填写吧。

高考政策	1. 什么是"两依据、一参考"？ ☐ 基本明确　　☐ 一般明确　　☐ 基本不知道 2. "3+1+2"新高考，高校招生计划如何编制？ ☐ 基本明确　　☐ 一般明确　　☐ 基本不知道 3. 你希望报考的专业与选科之间的关系如何？
就读学校科目情况	4. 你所就读的学校在你拟选科目上的总体师资情况如何？ ☐ 好　　　　☐ 中等　　　　☐ 差 5. 你所就读的学校擅长的选科导向有哪些？（多选） ☐ 物化生　☐ 物化地　☐ 物化政　☐ 物生地　☐ 物生政　☐ 物地政 ☐ 历化生　☐ 历化地　☐ 历化政　☐ 历生地　☐ 历生政　☐ 历地政 6. 所就读学校过往三年在你拟选科目上的升学率如何？
对应专业职业	7. 你的拟选科目组合所对应的专业覆盖率是多少？ 8. 与你的拟选科目组合相关的职业主要有哪些？
其他外部知识	

活动二：生涯决策平衡单

要做一个好的决策，我们还需要掌握做决策的技巧来综合评估搜集到的各方面信息。生涯决策平衡单就是一个实用的工具，它采用赋值量化的方式帮助我们系统地权衡利弊，从而做出适合自己的合理决策。具体操作步骤如下。

步骤一：确定需要作决策的问题。把针对问题需要权衡比较的选项填入列表中，如下表中"选项1：物理""选项2：历史"。

步骤二：拟定评价标准。在权衡比较每个选项的过程中，你需要考虑哪些方面的利弊得失？把它们逐条列在"评价标准"这一栏中。

步骤三：确定权重系数。对评价标准中的每个条目，根据对你的重要程度打分（1～5分），分数越大说明你越重视该条目。把每个条目的得数作为该条目的权重系数。

步骤四：打分。针对每一条评价标准，判断各个选项能在多大程度上满足该条标准的要求，对它们进行打分，计分范围为1～5分。

步骤五：计分并排序。将每一项的得分乘以权重，得到加权分，然后分别计算出每个选项的总分，并依此分数对选项排定顺序。一般来说，总分越高，则该选项越优。

王海同学使用平衡单的方法，做了以下表格。

评价标准	权重（1～5）	选项1：物理		选项2：历史	
		打分	加权分	打分	加权分
1. 容易取得好成绩。	5	4	20	4	20
2. 符合我的学习兴趣，学得开心。	5	3	15	4	20
3. 符合我的思维模式。	4	3	12	4	16
4. 符合我的学习方式。	3	2	6	3	9
5. 能够和好朋友一起上课。	1	3	3	1	1
6. 能够获得家长的支持。	2	4	8	2	4
7. 能够获得更好的师资。	4	3	12	4	16
8. 可选择的专业数量多。	1	4	4	3	3
9. 有助于我实现理想。	5	2	10	4	20
合计			90		109

根据平衡单的结果，王海认为选择历史更适合自己。

哇，平衡单真是一个帮助决策的好方法！可是，万一最后得出两个选项的分数一样，那该怎么办呢？

如果最后分数与你预想的不一致，或者分数过于接近，可以回过头来检查你的评价标准是否需要补充些条目、权重和各项打分是否恰当、有没有想要调整的地方。如果最终两个选项仍然分数很接近，说明它们可能确实优劣相差不大。要知道，使用平衡单的目的不是让你简单地根据最后的计算结果来做选择，而是促进你在使用平衡单的过程中的自主思考、全面分析，从而对决策产生新的认识。

请你运用生涯决策平衡单，解决当下面临的一个选择难题。比如，你可以用这种方式来帮助自己选科。使用时要注意，上面表格中的评价标准可供你参考，但仍需根据自身情况进行筛选和补充。当然，你也可以用这个工具来帮助自己解决其他决策问题。

评价标准	权重（1~5）	选项1：___		选项2：___	
		打分	加权分	打分	加权分

活动三：生涯观念自查

下面列出了一些生涯观念，请你评估自己的认同程度，进行打分。1 表示完全不认同该观念，2 表示比较不认同，3 表示不确定，4 表示比较认同，5 表示完全认同。请在对应选项下面打"√"。

生涯观念	认同程度				
	1	2	3	4	5
1. 一生只有一次选择，我必须找到完全匹配我的人生道路。					
2. 我没有能力做出一个好的生涯决策。					
3. 我为自己设定的生涯目标很低，这样我就不会失败了。					
4. 我希望完全靠心理测验或专家帮我作决定。					
5. 只有我自己才清楚我适合什么样的工作。					
6. 有生涯规划和职业技能就一定能成功。					
7. 我认为从事不同职业的人，他们的个性、能力等总会有很大差异。					
8. 我觉得一定要完全掌控未来。					
9. 没有一个专业和职业能够引起我的兴趣。					
10. 只有在学习和工作中有卓越超群的表现，才能体现我的自我价值。					
11. 即使我满足了所选择专业和职业的要求，我对自己能够胜任这份工作也没有信心。					
12. 如果我改变自己所选择的专业和职业，我会觉得自己是个失败者。					
13. 我必须比我父母或兄弟姐妹做得更好。					
14. 我所要选择的专业和职业，是为了让我生活中重要的人开心。					
15. 我对自己的生涯选择没有信心。					

信息加工理论告诉我们，我们已有的各种生涯想法和观念会影响我们能否在决策中理性思考。有些不合理的生涯观念会对我们的思考过程产生消极影响，从而阻碍我们制订良好的决策。对于这类生涯观念，我们要积极地进行调整。其实，上述自查表里的观念都在一定程度上存在不合理性。接下来就请你从上述自查表里，选出3条认同度最高的生涯观念，根据下面方框里的问题来检视它们的合理性。

1. 这个观念的证据是什么？完全客观地回顾你的生活经历，有什么证据表明这是真的？
2. 这个观念对你是否一直适用？
3. 这个观念全面吗？是否考虑到了积极和消极两个方面？
4. 这个观念是否有利于你的身心健康？
5. 是你自己选择了这个观念，还是你成长的家庭环境让你产生了这个观念？

检查完后，请你将原有的生涯观念重新表述，使之变成更积极的观念。

示例：

原有观念	修改后的观念
一生只有一次选择，我必须找到完全匹配我的人生道路。	生涯决策在一生中是一个不断变化的过程，需要寻求当下最适合自己的。
有生涯规划和职业技能就一定能成功。	生涯规划和职业技能都很重要，但我知道生涯路上还会受到一些偶然因素的影响。

你的修改:

原有观念	修改后的观念

生涯成长

生涯攻略

➢ 在进行决策前,首先要充分了解自我、了解与选择相关的信息。

➢ 制订良好决策的过程是由沟通、分析、综合、评估和执行五个步骤构成的循环过程。在这个过程中可以借助生涯决策平衡单来帮助我们权衡利弊、优化决策。

➢ 不合理的生涯观念会影响个体的生涯决策。可以通过练习改善不合理的生涯观念,从而以更积极理想的态度对待生涯决策。

拓展阅读：决策风格

每个人由于个性特点和经历的不同，其决策偏好也不同，由此形成了属于自己的决策风格类型。决策风格主要可分为下面四种类型，请你根据表格里的描述，看看自己偏向哪种类型的决策风格吧。

理智型	直觉型
做决策时，不会感情用事，会有严格的决策步骤与系统的信息收集策略；相信自己的能力，通过理性、客观的态度来进行职业选择。	做决策时，主要依靠的是自身的感觉，很少对职业信息进行深入、客观的分析。
依赖型	**回避型**
做决策时，不停地咨询周围的人，依赖他人为自己做决策，希望自己的职业能够满足重要他人的要求。	做决策时，采用逃避拖延的策略，不想承担决策带来的后果。

温馨提示：每个人的决策风格并不是固定不变的，觉察和反思自己的决策风格，有助于我们思考决策过程，从而更好地进行决策。对于简单的问题，一般凭借直觉就可以作决定，比如中午吃什么；而对于复杂的问题，理智型的决策风格是最好的。如果你发现自己的决策风格不佳，可以在决策时提醒自己多使用本课学到的方法，在充分搜集信息的基础上审慎地进行生涯决策，避免过度依赖他人或一味逃避拖延。

第 13 课　高考志愿那些事

生涯探问

高考志愿知多少

高考总算结束了，王海感到一身轻松。可是才放松了两天，妈妈就说："抓紧估分吧，准备报志愿了。""报志愿？不是等高考分数出来了再报吗？"王海感觉有点不解。妈妈说："出分报志愿是没错，但不是说要等到出分以后才开始研究怎么报志愿。等分数出来了才开始研究，就太仓促啦！虽然你上过生涯课，对高校和专业有一定的了解，但是报志愿不是考多少分就报什么学校和专业那么简单。要了解的政策和要搜集的信息还多着呢！"

我省的高校招生政策你了解多少？先试着回答下面几道基础题：

1. 我省高招志愿填报分几类几个批次，分别在什么时间段进行？

2. 我省本科批次是以"院校＋专业组"还是"专业（类）＋院校组"为志愿填报单位？

3. 我省本科批次招生实施的投档录取模式采用的是顺序志愿还是平行志愿？

4. 我省高职（专科）批次招生实施的投档录取模式采用的是专业平行志愿还是顺序志愿？

生涯求知

填报志愿批次及时间安排

各省教育考试院会在高考成绩公布前通知考生网上填报志愿的时间安排。以下是2024年福建省普通高等学校招生考生网上填报志愿的时间安排表，供参考。

（一）普通类

序号	志愿批次		网上填报志愿时间
1	本科提前批	常规志愿 1个第一志愿（院校专业组志愿）+3个平行参考志愿（院校专业组志愿）	6月30日8时开始至 7月2日18时止
		征求志愿 1次，8个平行院校专业组志愿	7月15日8时开始至 7月15日18时止
2	高水平运动队、高校农村专项计划志愿；地方农村专项计划常规志愿 1个院校专业组志愿		7月3日8时开始至 7月5日18时止
3	地方农村专项计划征求志愿		7月20日8时开始至 7月20日18时止
4	本科批	常规志愿 40个平行的院校专业组志愿	7月3日8时开始至 7月7日18时止
		第1次征求志愿 20个平行的院校专业组志愿	7月28日8时开始至 7月28日18时止
		第2次征求志愿 20个平行的院校专业组志愿	8月1日8时开始至 8月1日18时止

续表

序号	志愿批次		网上填报志愿时间
5	高职（专科）提前批	常规志愿 40个平行的专业志愿	7月8日8时开始至 7月9日18时止
		征求志愿 40个平行的专业志愿	8月8日8时开始至 8月8日18时止
6	高职（专科）批	常规志愿 40个专业平行志愿	7月29日8时开始至 7月31日18时止
		第1次征求志愿 20个专业平行志愿	8月13日8时开始至 8月13日18时止
		第2次征求志愿 20个专业平行志愿	8月16日8时开始至 8月16日18时止

（二）艺术类

序号	志愿批次		网上填报志愿时间
1	本科校考批	常规志愿 1个院校专业组志愿	6月30日8时开始至 7月2日18时止
2	本科省统考批	常规志愿 40个专业平行志愿	7月3日8时开始至 7月5日18时止
		第1次征求志愿 20个专业平行志愿	7月17日8时开始至 7月17日18时止
		第2次征求志愿 20个专业平行志愿	7月20日8时开始至 7月20日18时止
3	高职（专科）批	常规志愿 40个专业平行志愿	7月29日8时开始至 7月31日18时止
		第1次征求志愿 20个专业平行志愿	8月12日8时开始至 8月12日18时止
		第2次征求志愿 20个专业平行志愿	8月15日8时开始至 8月15日18时止

（三）体育类

序号	志愿批次		网上填报志愿时间
1	本科批	常规志愿 20个平行的院校专业组志愿	7月3日8时开始至 7月5日18时止
		第1次征求志愿 20个平行的院校专业组志愿	7月15日8时开始至 7月15日18时止
		第2次征求志愿 20个平行的院校专业组志愿	7月17日8时开始至 7月17日18时止
2	高职（专科）批	常规志愿 20个专业平行志愿	7月29日8时开始至 7月31日18时止
		第1次征求志愿 20个专业平行志愿	8月12日8时开始至 8月12日18时止
		第2次征求志愿 20个专业平行志愿	8月15日8时开始至 8月15日18时止

志愿填报常见术语

各个省份的高考志愿设置各不相同，以下均以福建省为例。

一、招生类别与批次

2021年起，福建省普通高校招生类别分为普通类、艺术类、体育类，每类招生计划按照物理科目组合、历史科目组合分列编制。

2024年，普通类设立本科提前批、本科批和高职（专科）批3个批次，艺术类设立本科校考批、本科省统考批和高职（专科）批3个批次，体育类仅设本科批和高职（专科）批2个批次。每个类别根据志愿批次依序录取。考生如果被前一批次的高校录取，则不能再参加后续其他批次高校的录取。高职（专科）提前批的录取工作安排在本科批全部结束后进行，已被本科院校录取的考生不再参加高职（专科）提前批的录取。

本科提前批为经教育部批准的部分高校单独考试招生和各种特殊类型招生录

取批次，例如公安（司法）类、军事类、航海类、师范类、医学定向专业、香港高校、中外合作办学高校、小语种专业等。需要注意的是，提前批中的很多专业对考生有严格的条件限制，报考时一定要认真阅读所填报高校和专业的要求。

此外，对于普通类，在本科提前批之后、本科批之前，还会进行高校农村专项计划、地方农村专项计划、高水平运动队等特殊类型招生录取。

二、常规志愿和征求志愿

除艺术类本科校考批外，各类别、各录取批次均设常规志愿和征求志愿。在同一类别同一录取批次，均先实施常规志愿录取，录取结束后如有未完成的招生计划将向社会公布，组织考生填报第一次征求志愿，并实施第一次征求志愿录取；如仍有招生计划未完成将再次向社会公布，组织考生填报第二次征求志愿，并实施第二次征求志愿录取（部分批次仅有一次征求志愿）。征求志愿时，未被录取的考生均可填报相关志愿。

三、分数线

比较常见的分数线有录取控制分数线、调档分数线和录取线三种。

录取控制分数线，又称省控线、批次线和投档最低控制线。它是由省教育考试院根据当年全省考生的高考成绩和高校招生计划数，综合考虑并确定各批次或相应招生类型的录取控制分数线。只有高考成绩达到或者超过批次线的考生才被称为上线考生，才能被投档到对应批次的高校，再由高校选择录取。

调档分数线，又称调档线、投档线等。它是省教育考试院以招生院校为单位，按招生院校同一科类招生计划数的一定比例，在对志愿投档过程中自然形成的投档给院校的最低分数。例如，某高校在某省普通类本科提前批计划招生100人，设定调档比例为110%，则录取时省高招办最多只能向该高校投递110个考生的电子档案。如果最终只有102人报考并被投档（不考虑征求志愿等情况），这102人中的最低分为590分，则该校的调档线为590分；如果最终调档110人，最低分为610分，则该校调档线为610分。（注：福建省规定普通类本科提前批第一志愿投档比例原则上控制在招生计划数的120%以内；军队院校区分性别，按招生计划数的120%投档；实行平行志愿投档的，投档比例原则上按招生计划数的100%执行。）

录取线,又称实录线和高校录取最低分。高校对省教育考试院投递的考生电子档案进行调档、阅档、审核、预录、退档等各环节工作,经过省教育考试院的最终审核并给予"录取结束"指令后,所录取考生的最低分数就是该校的录取线。

四、退档和滑档

当考生已经达到了某志愿的调档分数线,电子档案被投递到某高校,但由于志愿填报不当等原因,无法被高校录取,档案被退回省教育考试院,这种情况被称为退档。退档大多与考生选择"不服从专业调剂"有关。但在院校专业组平行志愿投档模式下,考生填报了"服从专业调剂"也仍可能因为以下原因被高校退档:(1)考生的身体状况不符合招生院校招生章程规定;(2)考生单科成绩、外语语种等不符合招生章程规定;(3)不符合高校特殊招生要求的其他情况,如:某高校某专业组A专业只招收有填报本专业志愿的考生,不招收未填报该专业志愿的考生,且该"院校专业组"仅剩余A专业未招满,某考生虽然填写"服从专业调剂",但因没有填报A专业志愿,就会被退档。

滑档是指高考成绩无法达到自己报考的高校的调档线,电子档案没有被投递到报考的高校。滑档常见原因:(1)考生对目标高校的选择不准确,高估了自己的成绩;(2)"冲"好高校的想法太强,想把分数利用最大化,抱有侥幸心理。

退档和滑档都会让考生错过当前批次的录取,只能进入征集志愿或下一批次的录取。因此建议考生谨慎填报。

五、顺序志愿与平行志愿

顺序志愿(又称梯度志愿)是指在同一个录取批次设置的多个志愿有先后顺序,其投档原则是"志愿优先,从高分到低分"。顺序志愿投档时,对选报同一院校的考生按院校确定的录取原则、调档比例,从高分到低分进行投档。第一志愿录取结束后再进行第二志愿投档录取。一旦考生将某高校放在第二志愿,即使分数再高,如果该校一志愿已经招满且不预留招收二志愿的名额,该考生的档案也不会投向该校。例如福建省普通类本科提前批第一志愿和参考志愿之间实行的就是梯度志愿投档,先录取第一志愿考生,再录取参考志愿考生。而三个参考志愿之间是平行的,其他批次也普遍按平行志愿模式投档。

平行志愿的投档原则是"位次优先、遵循志愿、一轮投档、一档一投"。

"位次优先"是指按上线考生成绩从高到低进行排位，位次高的考生先投档。

"遵循志愿"是指当轮到某一考生投档时，计算机会严格依据考生所填报志愿的顺序依次检索投档。假如某考生填写的院校专业组平行志愿顺序是A、B、C、D、E……，则先检索A院校专业组，若达到A院校专业组提档线，且招生计划有空额，就投到A院校专业组，后面的志愿不再进行检索。若A院校专业组招生计划已满额，则检索B院校专业组，若达到B院校专业组提档线，且招生计划有空额，就投到B院校专业组，后面的志愿不再进行检索，以此类推。所以，平行志愿也是有先后顺序的，考生要根据自己的意愿，把最想读的院校专业组或专业志愿放在前面。

"一轮投档、一档一投"是指不管是常规志愿，还是征求志愿，每轮次投档时考生都至多只有一次投档机会。也就是说，只要被投档到某个院校专业组了，该生的本轮次检索投档就结束了。即使投档后学校按规定将其退档，该生也不能再投档到其本轮次填报的其他志愿，而只能参加本轮次征求志愿或下一批次志愿的投档。

可见，平行志愿也是有先后顺序的，考生在填报平行志愿时要注意志愿之间拉开一定的梯度：可以选择若干个最想上且有可能上的院校专业组作为第一梯度志愿；重点选择若干个与本人成绩位次相匹配，录取把握较大的院校专业组作为中间梯度志愿；至少选择3~5个保险系数高的院校专业组作为放在最后的保底志愿，尽可能避免滑档。

六、院校专业组志愿和专业平行志愿

本科提前批和本科批一般实行院校专业组志愿投档模式（艺术类本科省统考批除外）。该模式是指以一个院校加一个专业组为一个志愿单位的志愿设置模式。每个院校专业组志愿内设6个专业志愿，考生在每个院校专业组志愿中均须选择是否服从专业调剂（如下图）。考生选择的高考科目与拟报院校专业组的科目要求相符时方可填报。

01 志愿			
院校代号		院校名称	
专业组代号		专业组名称	
专业代号 1		专业名称 1	
专业代号 2		专业名称 2	
专业代号 3		专业名称 3	
专业代号 4		专业名称 4	
专业代号 5		专业名称 5	
专业代号 6		专业名称 6	
是否服从专业调剂	是		否

　　一所院校可设置一个或多个院校专业组，每个院校专业组内可包含数量不等的专业。同一院校专业组内各专业对考生的选考科目要求相同。考生高考分数只要达到所填报院校专业组的调档分就会被投档。专业调剂限于同一专业组内调剂。

　　例如，"A大学专业组1"选考科目要求为首选科目物理、再选科目不限，包括建筑学、城市规划等若干专业；"A大学专业组2"选考科目要求为首选科目物理、再选科目化学，包括临床医学等若干专业。如考生拟报考A大学建筑学和临床医学两个专业，应符合以上两个专业组的选考科目要求，填报"A大学专业组1"和"A大学专业组2"两个院校专业组志愿，并分别在两个院校专业组中填报建筑学、临床医学专业志愿。倘若考生分数达到"A大学专业组1"的调档分，但是建筑学专业已经招满，而城市规划专业未招满。考生虽没有填报该专业组内其他专业，但在"是否服从专业调剂"一栏选择了"是"，该考生可能最终会被调剂到城市规划专业录取。倘若考生选择不服从调剂，就会被A大学退档，要等待征集志愿或下一批次志愿的填报。

　　高职（专科）批及艺术类本科省统考批实行专业平行志愿投档模式。该模式是指以一所高校的一个专业（类）作为一个志愿单位，按照"分数优先、遵循志愿，一轮投档"进行投档，不存在专业服从调剂。

七、高校专业志愿录取规则

在院校专业组志愿投档模式下，考生被投档到某个院校专业组后，具体录取到其中的哪个专业是由该高校自设的专业志愿录取规则决定的。总体来说，有三种不同的录取规则。一是"分数优先"，即考生填报的几个专业是平行志愿，高分的考生先被录取；二是"志愿优先"，类似顺序志愿的录取方式，每个专业都优先录取把本专业放在第一位的考生；三是"专业级差"，即录取非第一专业志愿考生时，考生分数要减去一定差额（例如：某高校规定专业级差为2分，第二专业志愿的考生总分要减去2分后再和第一专业志愿的考生一起排序进行专业分配）。现在有很多高校已经取消了专业级差。

了解高考志愿信息的途径

考生和家长们在收集高考志愿填报信息的过程中要注意分辨真假，谨防不实信息。建议从以下渠道获取权威、真实的信息。

一、官方网站

1. 教育部网站及阳光高考平台

教育部网站（http://www.moe.gov.cn）及教育部阳光高考平台（http://gaokao.chsi.com.cn）是国家发布高考政策的指定网站。阳光高考平台除发布政策外，还承担公示特殊类型考生名单、公布高校招生章程、高校自主招生报名、高校专项计划报名等功能，是考生了解高考信息的首选。

2. 省教育考试院官方网站

省教育考试院官方网站是了解本省高考信息的主渠道。考生可以从上面了解到高考报名、体检、考试、查询成绩、填报志愿、录取情况、征集志愿等与考生紧密相关的高考信息。

3. 目标高校官方网站

考生可以从目标高校官方网站了解到高校的办学情况、招生章程、专业介绍、往年录取分数、特殊类型招生要求等信息。

二、权威部门印发的招生资料

以福建省为例，省教育考试院印发的《福建省普通高校招生计划》和《福建省高考志愿报考指南》是考生报考志愿时可参考的权威资料。里面不仅包含相关政策规定和各院校的招生计划，还会发布高校近三年来在本省录取的各类统计数据，其中考生总分1分分段人数统计表和院校录取分数是考生填报志愿的主要依据。

三、招生宣讲与咨询会

每年6月，教育部会在阳光高考平台举办高考网上咨询周活动。考生可通过平台与省级招生办和高校招生工作人员在线实时交流，也可以查阅已回答的问题。

高校也会在各地举办现场招生咨询会，对当年的招生政策进行解读。考生可在筛选出目标院校后，有针对性地参与高校招生咨询会，与招生老师进行深入交流，获取更多信息，对目标志愿进行进一步确认。

生涯践行

活动一：招生章程细细读

甲、乙、丙均为福建省普通类物理科目组考生，选考科目为化学和生物，高考总分均为637分。

考生甲本科批次前两个志愿填报如下：

01 志愿				02 志愿			
院校代号	1225	院校名称	厦门大学嘉庚学院	院校代号	1220	院校名称	厦门大学
专业组代号	999	专业组名称	不限选考科目	专业组代号	500	专业组名称	选考化学
专业代号1	003	专业名称1	金融学	专业代号1	026	专业名称1	化学类（含化学化工材料类）
专业代号2	019	专业名称2	机器人工程	专业代号2	027	专业名称2	能源动力类
专业代号3	029	专业名称3	建筑学	专业代号3		专业名称3	
专业代号4	036	专业名称4	大数据管理与应用	专业代号4		专业名称4	
专业代号5	039	专业名称5	会计学	专业代号5		专业名称5	
专业代号6	040	专业名称6	财务管理	专业代号6		专业名称6	
是否服从专业调剂	是			是否服从专业调剂	是		

考生甲最后被厦门大学嘉庚学院金融学专业录取。由于考生甲没有弄清厦门大学嘉庚学院的高校层次和类型，把独立学院和公办高校混淆，导致高分低就。

考生乙高考外语语种为日语，报考厦门大学外国语言文学类，选择不服从专业调剂。虽然分数达到该院校专业组调档线，但因为外语语种不符合要求且不服从专业调剂被退档。

考生丙报考厦门大学500专业组中的化学类（含化学化工材料类），虽达到调档线，但因为色弱，不符合该专业体检要求，且选择不服从专业调剂，最终被高校退档。

以上案例中三位考生的高考分数都不错，但是录取结果不理想，归根到底是因为对高校的招生章程不够了解。招生章程是高校开展招生工作的依据，是考生了解招生政策的重要参考材料。考生在确定了目标高校后，一定要通过官方渠道（如高校官方网站和阳光高考平台）详细研读招生章程。建议重点关注高校层次和类型、就读地点和专业录取要求等信息。对于有不止一个校区的院校，还需关注不同校区毕业时颁发的学位和学历证书是否有差异。

请你选择一所目标院校，阅读它最新的招生章程，并将信息摘录在下面的表格里。

高校名称	
高校层次和类型	
就读地点	
专业录取要求	专业志愿录取规则	
	外语语种要求	
	单科分数要求	
	体检标准	
	政审要求	
其他重要信息	

活动二：高考志愿排排队

生涯求知部分介绍了平行志愿的录取模式。你掌握了多少呢？自己来测试一下吧。

1. 考生丁和戊都是福建省普通类历史组考生，丁的高考成绩是535分，戊的高考成绩是533分。本科批丁报考的院校专业组是A1、A2、A3，戊报考的院校专业组是A3、B1、B2。假如丁没达到A1和A2调档线，丁和戊都达到了A3调档线且均选择服从专业调剂，但A3仅剩1个名额。考生丁和戊中，最终谁会被A3录取？为什么？

2. 考生己的分数可以上复旦大学分数最高的专业组，他本科批次的志愿依次为厦门大学不限选考科目专业组、复旦大学不限选考科目专业组，请问最终他会被哪个专业组录取？为什么？

生涯成长

生 涯 攻 略

➢ 应提前对高招政策进行了解，并掌握志愿填报基础知识。

> 可以通过官方网站、权威部门印发的招生材料和招生咨询会获取权威、真实的信息。
> 填报志愿时要注意仔细阅读目标高校的招生章程。
> 要注意顺序志愿和平行志愿的填报技巧。

拓展活动：模拟志愿填报

从福建省教育考试院网站（https://www.eeafj.cn/）下载今年的志愿样表，进行预填。后续还可对预填的内容进行修改。待正式上网填报志愿时，再按最终修改后的样表内容进行录入，这样可以有效避免志愿填报失误。

填报志愿时，建议综合考虑以下几个因素慎重选择：

1. 成绩排位。这是考生被录取的基础因素，直接决定了可选择的院校层次、专业组和专业。填报志愿时不能简单用高考分数与往年做加减进行比较。考生要根据本人成绩位次（排名）和近年高考考生成绩分布统计表，找出近年这个位次对应的分数，再查看相应年份该录取分数附近的院校和专业，从而初步筛选出意向院校专业组和专业。

2. 院校综合情况。院校情况是考生志愿选择的重要因素。考生在选择院校时，要全面了解学校的办学性质、办学层次、办学类型、学科专业建设、地点（校区）、收费标准、招生计划、录取原则、专业设置、专业特殊要求等信息。

3. 专业和就业。专业也是考生志愿选择的重要因素，关系到大学的学习情况和未来的职业方向。考生要注意选择符合自己兴趣、能力和个性的专业，做好自身的生涯规划。

4. 健康状况、单科成绩、家庭经济状况。有的专业对视力、色觉等健康状况有一定的限制；部分院校依据专业学习要求，会对单科成绩或外语口试成绩等方面提出规定；独立学院、民办院校和中外合作专业往往收费较高，还应考虑家庭经济状况等因素。

第 14 课　生涯航行有目标

生涯探问

心向往之，行必能至

约翰·戈达德出生在美国西部的一个小山村里，这里群山环绕，与外界隔绝。戈达德常常眺望远处的山峦，好奇山那边有什么样的景致。这种念想让他心中充满了无限的渴望和憧憬。

戈达德童年里的一天，一辆路过的车陷在烂泥里，无法动弹。戈达德喊来村里的小伙伴，帮助司机把车推出了泥泞。戈达德向这位司机打听山外的情形。司机向他描述了外面的精彩世界。戈达德听完，在想象中陶醉了。分别时，司机送给戈达德一本《世界地图》，告诉他，全世界都在上面呢。

在戈达德 15 岁时，他在家中的餐桌上郑重地在一张黄色便条纸的顶端写下了"My Life List"（我的生命清单）。在这个标题下他写下了人生的 127 个目标，其中包括攀越世界上的主要山峰、探险世界著名的河流、环球航行、乘潜水艇潜入海底等探险目标，也包括结婚生子、一分钟内打字50个、学会围栅栏、学吹长笛和拉小提琴、拜访爷爷和外公的出生地等生活目标。

把这些人生目标写在纸上之后，约翰·戈达德开始一点一点地为实现目标而努力。为了实现这些目标，他历经磨难，不断与命运和艰苦抗争。他说："我绝不轻易放弃任何一个目标。一有机会到来，我总是'准备完毕'。"靠着自己的毅力和勇气，他在44年后终于实现了106个目标，成为著名的探险家。当人们问他是什么力量在驱使他干完这些事情时，他回答道："如果你想去哪个地方，就让心灵先到达那个地方指引你。"

约翰·戈达德的故事给了你怎样的生涯启示？

生涯求知

生涯目标巧管理

从约翰·戈达德的生涯故事中我们发现，生涯旅程需要有目标，这个目标会主导我们一生的命运与成就。目标是指引人生不断向前迈进的原动力，我们每天的所思所为都会围绕着这个目标展开。若一个人心中没有目标，就会虚耗精力与生命，就如一艘没有航向的船，即使拥有最强劲的动力，最终也只是在大海中兜兜转转、随波逐流。这样的人生一头是清晰可触的压力，一头是模糊不清的未来。

生涯目标如此重要，那么要如何确定一个生涯目标呢？生涯目标是在进行内外部探索后决策出来的。我们要去探索自己想往哪个方向发展、适合往哪个方向发展、可以往哪个方向发展。个人生涯规划的两大重点是："知己"——了解个人的内在世界，"知彼"——探索外在的世界。探索了内在世界和外在世界之后，我们再整合、决策，确认大致的生涯发展方向，这就形成了个人的生涯目标。

有了生涯目标，接下来就要一步步努力实现。我们可以通过一些方法来帮助我们达成目标。其中最常用的方法是将目标进行分解。目标的分解有两种方式：第一种方式是"化整为零"，即像切蛋糕一样将一个大目标分解为一个个小目标。例如，如果你希望考入某所高校，那么你需要根据该高校历年的录取分数确定你的高考总分目标，然后把这个总分目标进行分割，即具体到每个科目上你的目标是多少分。第二种方式是"反向推演"，即从最终的目标出发，按照时间从后往前推，将目标分解为一个个阶段性目标。例如，如果你希望自己的生涯发展终极目标是成为一名优秀的建筑师，那么你的中期目标可以设定为考上重点高校的建筑学相关专业，并在大学里努力学习和实践。而为了达成这个中期目标，你要继续思考你需要在高三达到怎样的成绩或排名，以及可以为你心仪的专业做哪些准备（如学习一些素描知识），再逐个倒推到高二、高一，从而制定订你的近期阶段性目标。

将目标分解后，我们还要进行目标监控。在现实生活中，我们常常感觉目标很明确，却只坚持了一小段时间就不了了之了，很多时候这是由于我们的目标描述不够精确。这里我们就要了解目标管理SMART原则。这个原则提出，在管理目标时需要仔细考量五个因素，即目标必须是明确具体的（Specific）、可以衡量的（Measurable）、可以实现的（Attainable）、实际的且与其他目标具有相关性（Relevant）、具有明确的截止期限（Time-bound）。只有满足这五个方面的要求，设定的目标才更容易实现。以往的心理课中你可能学习过这个原则，它可以指导我们管理学习目标，同样它也能指导我们管理生涯目标。

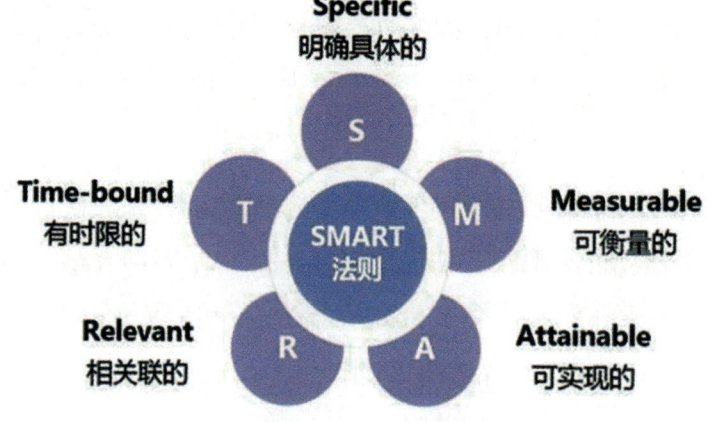

目标管理的 SMART 原则

生涯践行

活动一：我是特邀嘉宾

在第1课我们乘坐时空穿梭机展望了15年后的自己，这其实就体现了你未来15年的生涯目标，现在经过前面一系列课程的学习，你的目标有没有发生变化呢？假设15年后你作为特邀嘉宾回母校分享自己的生涯历程，想一想，你希望届时主持人会怎么介绍你？请写一段介绍词，内容包括姓名、职业、工作单位、职务、事业上取得的成就等。

活动二：目标分解绘蓝图

当我们明确了生涯发展的方向，就可以用目标分解法为自己设计一份生涯发展蓝图，并将此作为自我成长的航标。李艾在学习了目标分解法之后，将自己的生涯目标化整为零分解成若干小目标，并且反向推演要达到总目标可以制订哪些阶段性目标，从而为自己设计了一份生涯蓝图，如下表所示。

李艾的生涯蓝图	
生涯发展终极目标	优秀的中学数学教师
终极目标可以分解的具体内容	1. 拥有高中数学教师资格证。　2. 学科知识扎实。 3. 逻辑思维清晰。　　　　　　4. 善于沟通表达。 5. 熟练使用多媒体技术。　　　6. 善于课堂管理。 7. 板书美观。　　　　　　　　8. 责任心强。 9. 理解学生。
终极目标可以分解的阶段目标	大学阶段目标： 1. 大学期间认真学好专业课，充分利用实习实践机会提高教学相关能力。 2. 担任学生干部锻炼沟通和管理能力。 高中阶段目标： 1. 高考总分达到 630 分以上，考入北师大数学专业。 2. 参与数学兴趣小组和研究性学习，高中阶段数学成绩保持在 A 水平。 3. 通过演讲比赛、课堂发言等锻炼表达能力。 4. 担任学生干部锻炼沟通和管理能力。 5. 练习硬笔书法。

　　李艾的生涯蓝图对你有什么启发？请你也来设计一份属于自己的生涯发展蓝图吧。设计时请注意，目标只是一个方向，而不是一个不能改变的决定，它是可以随着我们的成长和变化进行调整的。如果你对终极目标还有些迷茫，那么你就针对当下相对明确的部分做规划，对于自己有疑惑的部分，可以在以后做补充和调整。

＿＿＿＿＿的生涯蓝图

生涯发展终极目标	
终极目标可以分解的具体内容	
终极目标可以分解的阶段目标	

通过分解终极目标、绘制生涯蓝图，我更清楚自己该做什么了。不过高中阶段的目标有好多条，我该怎样将这些目标一点点变成具体的行动计划呢？

活动三：SMART原则助实现

在绘制完生涯蓝图后，我们可以结合目标管理SMART原则，把自己的生涯目标细化并修改成易于实现的小目标。使用这种方法，李艾把自己的高中阶段目标3"通过演讲比赛、课堂发言等锻炼表达能力"细化为两个小目标：小目标1——参加演讲比赛；小目标2——上课举手发言。然后，她把这些小目标按目标管理SMART原则逐条核对，发现这两条目标不完全符合该原则。经过认真思考后，她把自己的小目标做了修改。看着修改后的小目标，她感觉更清楚自己该怎么做了。

李艾的小目标

小目标	S 明确性	M 可衡量	A 可实现	R 相关性	T 时限性	修正后的小目标
1. 参加演讲比赛	×	√	√	√	×	高二参加校演讲比赛至少获得三等奖。
2. 上课举手发言	×	×	√	√	×	在本月内每周至少在课堂上发言一次。

现在请你也来用上面的方法检查一下自己的目标吧。

第一步：从你的高中阶段目标中找出一条来进行分解。将小目标写入以下表格中。

第二步：把这些小目标按目标管理 SMART 原则逐条核对，如果符合就打"√"，如果不符合就打"×"，并思考怎样修正。

大目标：_____

小目标	S 明确性	M 可衡量	A 可实现	R 相关性	T 时限性	修正后的小目标
1.						
2.						
3.						
4.						
5.						

生涯成长

生涯攻略

> 生涯旅程需要有目标，目标是指引人生不断向前迈进的原动力。

> 当我们有了一个总目标，通过化整为零和反向推演将目标分解，可以帮助

我们大大提升目标的可实现度，并累积阶段性的成就感。

➢ 目标管理 SMART 原则可以协助我们把目标更好地转化为行动。

拓展活动：我的生涯信

有人形容高中阶段是浸泡在学海、题海、苦海中的日子，这或许将是你最努力、最拼搏的时刻，也可能是你最迷茫、最疲惫的时刻。相信你一定畅想过高中毕业，脱离苦海、成功上岸之后的生活吧。你期待高中阶段的付出带你到达怎样的彼岸呢？你期待高中毕业时会成长为怎样的更好的自己呢？现在的你，已经准备好要怎样为之努力了吗？请试着像约翰·戈达德一样，让你的心灵先到达彼岸指引你。然后，给彼岸的自己（高中毕业时的自己）写一封信，告诉 TA 你现在的想法和决心，也邀请 TA 看看你的努力。

第 15 课　敬业为生涯护航

生涯探问

不眨眼小挑战

你能盯着上面这个正方形几分钟不眨眼呢？（挑战时间：　　　　）

不眨眼这个任务看似简单很多人却难以坚持，但有些人不仅能做到而且能做到极致。

大国工匠高凤林作为一名航天工作者，30年来，他几乎每天都在做着同样一件事，给有火箭"心脏"之称的发动机焊接喷管。在火箭发动机的喷管上，有数百根几毫米的空心管线，而高凤林的工作就是通过自己上万次的焊接操作，把它们编织在一起。火

箭发动机喷管的管壁非常薄，比如长征五号火箭发动机的喷管管壁只有0.33毫米，只要一点小小的瑕疵就可能导致重大损失。为了避免失误，高凤林能连焊

10 分钟不眨眼,他说:"如果这道工序需要 10 分钟不眨眼,那就 10 分钟不眨眼。"他为我国 40% 的运载火箭焊接过发动机,攻克 200 多项技术难题,助力中国航天不断向深空探索。因为技艺高超,曾有外资企业开出"高薪加两套北京住房"的诱人条件聘请他。高凤林却说,我们的成果打入太空,这样的成就感是用金钱买不到的。他用 30 多年的坚守,诠释了一个航天大工匠对理想信念的执着追求。

高凤林在自己的岗位上每天做着相似的工作,一坚持就是几十年。我们看来艰苦、枯燥的工作,为什么他却能一直坚持呢?你或者你身边有没有类似这样坚持的事例,你或他们这样坚持的原因是什么?

生涯求知

敬业与生涯

高凤林的坚持离不开敬业精神的支撑。何为敬业呢?朱熹说:"敬者,主一无适之谓。"意思是所谓"敬",是指凡做一件事,便忠于一件事,将全副精力集中到这事上头,心无旁骛。至于"业",不单指职业,而是泛指在生活中做的每一件事。例如学生的主要工作是学业,专注并认真完成自己的学业便是敬业。再如,值日生认真打扫卫生、学生干部认真组织策划活动等,都可以称为敬业。古往今来有所成就者,大都是敬业的人。无论是古时三过家门而不入的大禹,还是三十年坚持给火箭焊"心脏"的高凤林,抑或是我们身边的那些学霸,他们的成功都离不开敬业。

影响敬业的因素有以下几点:

首先,敬业与岗位适配性有关。如果一个人从事的工作与自身的兴趣、能力等个人特质能够很好地匹配，他就更容易热爱并投入自己的工作，从而做到敬业。陈景润，中国近代著名数学家，攻克了哥德巴赫猜想这一世界数学难题，创立陈氏定理，轰动数学界。他取得的这些成就离不开他在数学领域持续专注的投入，据说他连走路吃饭时都在思考数学问题。这份投入源于他对数学的热爱。他可以不看电影，不聊天，但是却不能没有数学。可以说，热爱与能力造就了陈景润的成功。

其次，敬业与工作中的价值体验也有着密切联系。如果一个人觉得自己的工作很重要、很有价值，他就更倾向于认真对待工作，从而表现出敬业精神。这里的价值既包括个人通过工作创造的社会价值（如对社会的贡献、对他人的帮助等），也包括工作带来的个人价值（如报酬、社会地位、成就感等）。如高凤林的工作既推动了我国航天事业的发展，也为其自身带来成就感与自豪感，这份成就感与自豪感正是他三十年如一日坚守的重要原因。

最后，敬业当然也离不开自身的责任感。没有什么完美的工作，不管从事什么工作，都难免遇到一些自己觉得枯燥、困难、不喜欢的内容，这时候就需要强烈的责任感帮助自己克服懈怠、逃避的想法，坚持不懈、尽己所能地应对工作中的挑战，从而走出工作中的低谷，看到更高处的风景。

那么，如何才能做到长期敬业而不懈怠呢？可以从这几个方面着手：

一、积极探索和寻找适合自己的生涯发展方向。例如，高考选科时，充分考虑自身兴趣和能力等因素，选择自己擅长且感兴趣的学科，能让我们更容易投入学习。同样，选择未来专业或职业时，也应充分考虑自己的个人特质，选择真正适合自己的道路，从而走得更远、更好。

二、价值体验为工作赋能。在我们学习、工作时，不妨多想一想，当下的学习和工作对自己、对他人和社会有哪些意义，当我们看到了自己学习和工作的价值所在，这份价值感就会推动我们努力前行。

三、加强自身的责任感。想要松懈时，多想想懈怠的后果，想想自己的责任与使命。生涯之旅很少一帆风顺，其中的艰辛往往不足为外人道，但是秉承一份责任感，会给我们的生涯带来不一样的结果。

生涯践行

活动一：我是职业代言人

售货员	教师	建筑工人
汽车修理技工	律师	快递员
飞行员	工厂老板	医生

上面列出了一些职业，想一想，这些职业对应的工作重要吗？它们各自有什么社会价值呢？如果社会上少了其中某个职业，会带来什么后果？如果请你为这些职业做代言人，宣传其重要作用，你会写下什么宣传语呢？写好后，你还可以跟身边的小伙伴们交流一下彼此的看法和心得哦！

> 示例：火箭发动机焊接工——为火箭焊接"心脏"，送宇航员们上天，助航天发展，扬中国国威！
>
> 1.
> 2.
> 3.
> 4.
> 5.
> 6.
> 7.
> 8.
> 9.

每种职业都有其社会价值，都值得我们认真对待。

活动二：我的工作很重要

你有没有理想的职业呢？请你结合自己的兴趣、能力等个人特质，选择一两个你未来想从事的职业，然后填一填，从事这份职业对他人和社会有怎样的意义，又会给自己带来哪些价值。

理想职业	社会价值	个人价值

不管未来你想从事什么工作，哪怕是很平凡的工作，只要你找到其中的社会价值和个人价值，它都值得被你视为自己的人生大业，为之全力以赴。

回归当下，作为高中生，现阶段的"大业"又是什么呢？想一想，写一写这份"工作"对他人和社会有怎样的意义，又会给自己带来哪些价值。

高中"大业"	社会价值	个人价值

活动三：敬业的我最美

工作中，职业价值赋予我们工作的动力，而责任感则是带我们乘风破浪走出低谷的关键。想一想，自己或者身边的人曾经在哪些时刻、哪些方面有过哪些认真负责的表现，促成了什么样的积极结果。结合这些表现，尝试想象并画出自己未来专注地工作或学习的样子吧！如果觉得用绘画来表达有些困难，也可以用几句话或几个关键词来帮助刻画。

生涯成长

生涯攻略

➢ 敬业是我们对待工作的一种态度,是我们生涯路上的护航者。

➢ 为了提升自己的敬业精神,我们可以积极探索和寻找适合自己的生涯发展方向;多思考工作的意义,体验价值感;思考不敬业的后果,想象自己敬业的样子,加强责任感。

拓展活动:敬业小语录

"大国工匠"高凤林之所以能保持高度的敬业精神,不仅依赖于强烈的责任感和成就感,还源于他小时候母亲常说的一句话——"做事要让人竖大拇指"。在采访中他告诉记者,正是这句话激励着他从刚参加工作就秉承着一份匠心,做任何事都尽力在自己的领域里做到极致,并最终成为大国工匠。

有没有哪句话也曾经激励、鼓舞过你,让你想要专注认真、全力以赴地投入到自己的学习、工作中呢?请把它写下来,作为自己的敬业座右铭吧!你还可以查阅自己感兴趣的名人故事,或者采访自己身边的敬业达人,看看他们说的哪些话能够鞭策自己,把它们整理成一份"敬业小语录",让敬业精神为自己的生涯护航。

第 16 课　拥抱生涯不确定性

生涯探问

2018 年，河北省唐山市政府取消了该地方的各个路桥收费站，同时遣散相关工作人员。当政府工作人员召集他们做思想工作时，其中一位工作人员是这样说的："我今年四十岁了，我的青春都交给收费站了，我现在学东西比别人慢，而且做什么事也都不方便了。我的优势都在收费站，别的我啥也不会。"

某某教育科技集团自 20 世纪 90 年代创立至今在教培行业一直处于领先地位，但 2021 年出台的"双减"政策沉重打击了教培行业，使该集团陷入困境。但该集团在这时候依然选择在未知中前进，大胆尝试原来从未涉及的领域，发掘其原有教师的优势，使其在线直播在同类直播中脱颖而出。该集团用仅仅一年不到的时间完成了转型，渡过了这次难关。

想一想：那些我们认为是"铁饭碗"的职业一定能永远存在吗？为什么同样面临生活的不确定性，有人被时代无情淘汰，有人却可以开始全新的人生？

第16课 拥抱生涯不确定性

生涯求知

生涯之道，即应变之道

"世界上唯一不变的是变化本身"，我们正处于一个充满不确定性的时代。收费站工作人员不会想到自己工作了几十年的铁饭碗会消失，教培机构很难预料到在行业发展如火如荼的时候突遭困境。十年后的世界会如何运转？会有哪些职业消失不见，又会有什么职业应运而生？这些问题的答案我们很难准确得知。

我们身处于一个具有易变性（Volatility）、不确定性（Uncertainty）、复杂性（Complexity）和模糊性（Ambiguity）的时代——学者们根据这些单词的首字母将其简称为乌卡（VUCA）时代。在乌卡时代里，我们的生涯发展很难完全按照自己精心设计的路线前进，在这种情势下，我们还需要进行生涯规划吗？我们可以做些什么来应对未来变化莫测的世界呢？

在这个不确定性已然成为常态的时代里，我们应该充分认识不确定性并学会与它打交道。生涯混沌理论认为，生涯心理是一种动态、开放的复杂系统，其影响因素是复杂、多变的，要想理解和把握个体的生涯心理，必须把其置于复杂的关系网中来整体看待。每个人的生涯发展都是在一定的环境和内部动力的推动下，经过一系列的选择发生的。面对动态变化的生涯发展，我们作为具有主动适应能力的个体，仍然可以在一定程度上按照自己的剧本塑造自己的生涯历程，不断更新自己的生涯，在各种角色间自由变换。我们应该理性做好生涯规划，重视短期、中期规划，并拥有大体的长期方向。

对高中生来说，不仅未来的职业世界充满不确定性，高中生活也是充满变化的，我们需要在变化中寻求机会，在变化中灵活调整自我。

看来生涯是一个动态发展的过程，既然计划赶不上变化，那我们还需要做生涯规划吗？

生活中的变化和不确定性是我们无法控制的，但生活并非只有不确定性，我们需要找到自己所能掌握的，这样才能有踏实感。因此，我们仍然需要进行适度的生涯规划，做到及时调整，未雨绸缪。

而且，如果我们能够在规划时注意弹性，努力提升自己的应变能力，还可能把变化和意外变成对我们有利的机遇哦。

偶发事件理论

克朗伯兹等人提出的有计划的偶发事件理论（也称为善用机缘论）认为个体成长的环境中充满无数的偶然因素，并将影响个体的生涯发展。换句话说，偶发事件无所不在，意外的发生并不意外。

"塞翁失马，焉知非福"，偶发因素虽然会打乱我们的规划道路，但也能够提供意想不到的新机会。我们应该正视偶发因素在个人生涯发展中的作用，以开放的态度接受生涯发展过程中的不确定性和弹性，做好充分利用偶发事件的准备。我们要善用机缘，拥抱偶然，把偶然性视作尝试新行为、发展新兴趣、挑战新观念及继续终身学习的机会，甚至规划偶发事件，创造新的机会。

每一次偶然都是一次学习机会，过去的经验和资源能够帮助我们更好地应对未来的变化与挑战。个体还可以运用好奇、坚持、弹性、乐观和敢于冒险这五项技能，将偶发因素转化为学习机会，从不可预测的偶发事件中受益和成长。首先，我们需要保持好奇心，多尝试新的事物。可以通过参与志愿服务、课外学习、与朋友或陌生人聊天、阅读等活动，让生活保持活跃和丰富多彩，创造自己的偶然幸运事件。第二，要坚持，即使遭遇挫折仍然继续尝试。人人都会犯错和经历失败，但有时它们可以提供绝佳的学习机会，带来远超预期的美好结果。第三，要对不同观念和情境保持开放的心态，提升心理弹性。随时准备接受新想法和新知识能够帮助我们克服内心的障碍，以更包容的心态投入生活。第四，要保持乐观，迎接不期而至的新机会。最后，要敢于冒险，即使无法确定结果，也要勇敢尝试那些可能会有好处的事情，因为"行动不一定有结果，但不行动一定没结果"。

生涯成长

活动一：拥抱"人生盲盒"

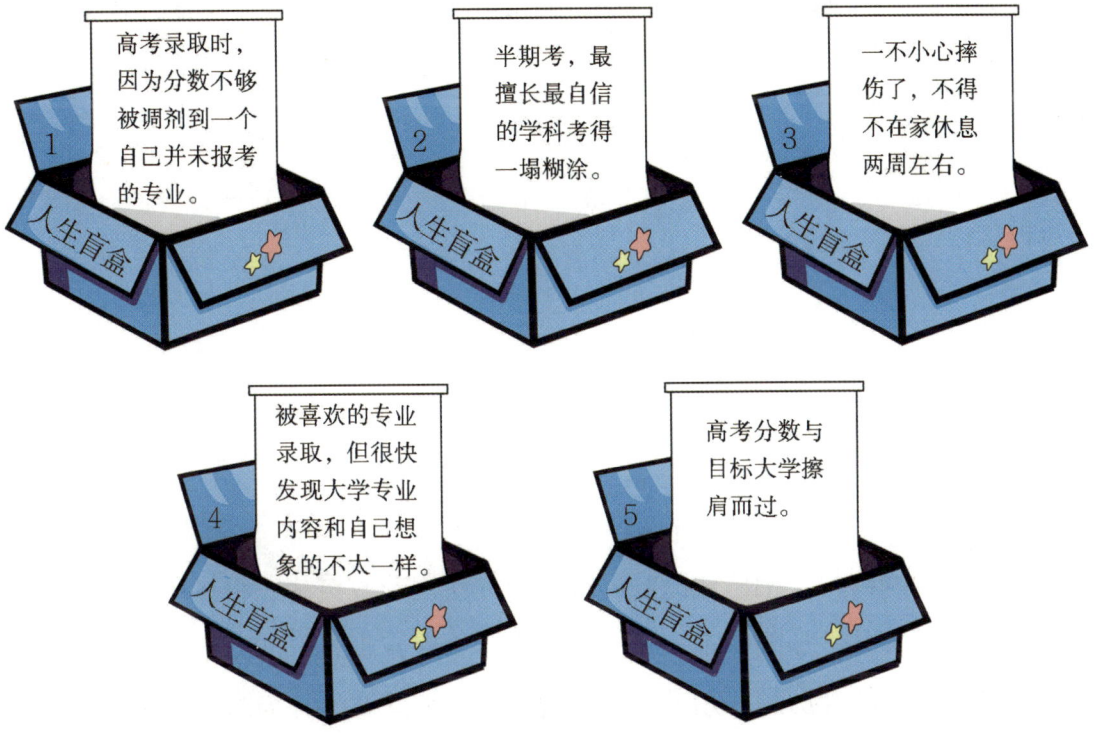

上面的"人生盲盒"中藏着许多我们可能遇到的意外事件。假如你的人生抽中了1号盲盒——"高考录取时，因为分数不够被调剂到一个自己并未报考的专业"，你会怎么看待这次意外事件呢？请参考下面的问题清单用更广阔的视角思考。

> **问题清单**
>
> 1. 你最初想报考的专业，一定是适合你从事一辈子的职业方向吗？
> 2. 被调剂的专业有怎样的生涯发展可能？
> 3. 未来可能培养出对被调剂专业的兴趣吗？
> 4. 被调剂的专业与原本报考的专业之间有关联吗？可以通过被调剂专业达到原来的生涯目标吗？
> 5. 被调剂这件事对你来说有什么积极意义吗？

读了上面的问题清单，我会这么看待1号盲盒中的意外：

_____

_____

再来试一试，如果你的人生抽中了其他几个盲盒，你会怎样用更积极的态度看待它们呢？

2号盲盒：_____

3号盲盒：_____

4号盲盒：_____

5号盲盒：_____

经过上面的练习，相信你已经发现，当你使用开放灵活、积极乐观的态度面对人生中的意外时，那些原本灰暗的事件也开始显露出五彩的光芒。现在，不妨再来结合你自己的经历想一想，你过去曾遇到过哪些意外让当时的你觉得难以接受？你现在的态度还和以前一样吗？这些意外给你的生活带来了哪些积极影响呢？

_____

_____

活动二：应变资源大盘点

除了积极看待意外，我们还需要为变化准备好应对资源。回忆过去的经历有助我们理清自己拥有哪些应变资源。下面就来回忆一下，你过去有哪些计划赶不上变化的经历？当时你是怎么应对的？你对应对结果满意吗？

第 16 课　拥抱生涯不确定性

我的应变经历是：

满意自己的应对　　　不满意自己的应对

我从中总结、发现自己有以下一些优势和资源：

现在重新看这件事，我觉得可以这样更好地应对：

还有以下资源和优势可以帮助我应对变化：

遇到计划赶不上变化也没有那么可怕，回忆之前的经历，其实我也能想到办法应对。

是的，当我们面对变化时，重新盘点自己的优势和资源，可以让我们更容易应对变化带来的挑战。

活动三：蝶变人生

在第1课《开启生涯之旅》中，我们用"蝴蝶飞呀飞"模型写下了自己在各阶段的梦想和行动，如今，我们的生涯规划课已经接近尾声，你的梦想和生活是否发生了改变呢？请按照下列步骤完成"蝶变人生图"吧！

步骤一：在之前的生涯规划课中，我们一起完成了自我和外部世界的探索，现在的你是否更加坚定了当时的梦想，又或者对梦想作出了调整呢？请仔细思考，你希望"高中毕业时"和"大学毕业时"的自己是什么样子的，并填写在"梦想翅膀"中。

步骤二：勇敢尝试、坚持行动是梦想成真的关键。你打算或者正在采取哪些行动去实现梦想呢？请在"行动翅膀"中写下你的做法吧。

步骤三：过去的经验可以帮助我们总结应变资源。请你试着回忆在这段学习时间里所发生的变化，当时的你是如何应对的呢？请在"变化翅膀"和"应变翅膀"中写下过去发生的变化及经验吧。

步骤四：未来虽然充满了不确定性，但我们可以弹性规划、未雨绸缪。请你想象未来的生涯道路中可能会发生什么变化呢？为了更好地应对，你可以做哪些准备呢？请在"变化翅膀"和"应变翅膀"中写下未来可能发生的变化以及你所制订的预案吧。

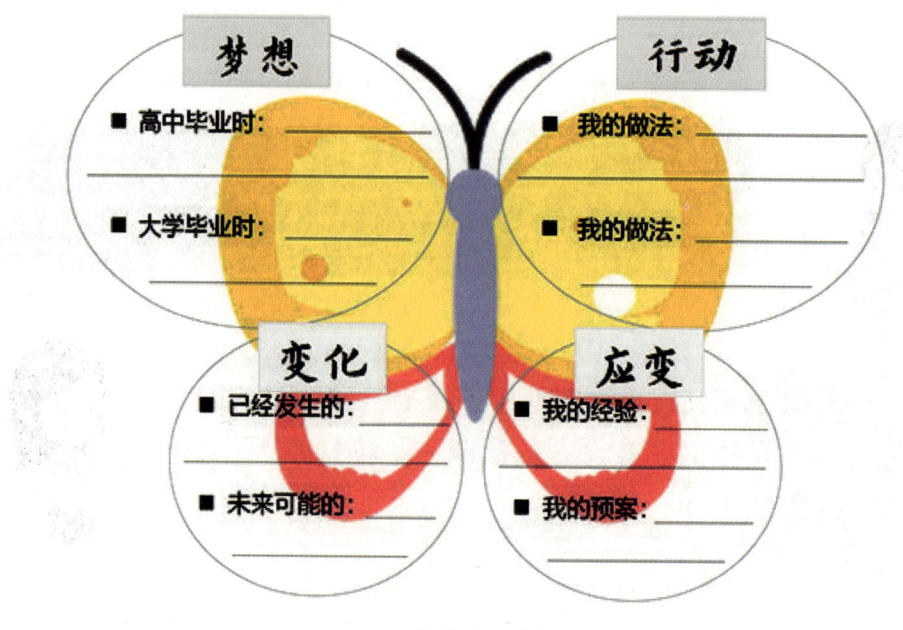

蝶变人生图

生涯成长

心理攻略

➢ 生涯发展具有不确定性，生涯之道即应变之道。

➢ 保持好奇心，多参加各种活动，可以帮助我们创造自己的偶然幸运事件。

➢ 意外有时会是不期而遇的幸运，或成为我们探索和学习新事物的机会。我们应以开放灵活、积极乐观的态度看待意外。

➢ 回顾成功的应变经历和发掘自身的优势与资源，可以增强应对不确定的信心。

➢ 弹性规划，做好预案。勇敢尝试、坚持行动是梦想成真的关键！

拓展阅读：生涯适应力

美国生涯心理学家萨维科斯提出了"生涯适应力"这一概念，它是指个体对可预测的生涯任务、所参与的生涯角色以及生涯改变或生涯情境中不可预测的生涯问题的准备程度与应对能力。生涯适应力是个体获得生涯成功的重要能力。因此，我们应该积极培养和提升自己的生涯适应力。下面就来了解一下生涯适应力都包括哪些方面的内容，并思考一下自己可以怎么做吧！

生涯适应力的四个方面

1. 生涯关注——"我有未来吗？"

生涯关注指对未来的关心。生涯关注有助于个体放眼未来，为可能面临的生涯任务做准备。认真思考和计划未来，能帮助我们更清晰地看到未来，更快适应未来的挑战。

2. 生涯自主——"谁拥有我的未来？"

生涯自主指为了应对未来的生涯任务能做到自律并付诸努力，坚持不懈地塑造自己或周围环境，能对自己的生涯发展负责。我们自己拥有选择未来的权利，也应该为自己的生涯决策负责。

3. 生涯好奇——"未来我想要做什么?"

生涯好奇指保持对未来的好奇，积极探索环境及自己的生涯角色，对自我和未来愿景形成认识。我们要对生活、世界保持好奇心，对新的经验与事物保持开放的态度和冒险的精神，愿意去尝试和体验各种不同的角色，从不断的经历中更好地认识和发现自己。

4. 生涯自信——"我能做到吗?"

生涯自信即相信自己有足够的能力去获得所追求的东西，不断增强生涯抱负，在探索中建立实现人生设计的信心。我们应积极、客观地评价自身能力、优势，并有意识地开展训练，在积极解决问题中提升能力。

图书在版编目（CIP）数据

心理健康教育. 高中生涯规划与志愿填报指南/连榕主编. —福州：福建教育出版社，2024.9. —ISBN 978-7-5334-9997-6

Ⅰ.G444

中国国家版本馆CIP数据核字第202417PQ34号

心理健康教育 高中生涯规划与志愿填报指南
连榕 主编

出版发行	福建教育出版社
	（福州市梦山路27号　邮编：350025　网址：www.fep.com.cn）
	编辑部电话：0591-83763162　83763682
	发行部电话：0591-83721876　87115073　010-62024258）
出 版 人	江金辉
印　　刷	福建新华联合印务集团有限公司
	（福州市晋安区福兴大道42号　邮编：350014）
开　　本	787毫米×1092毫米　1/16
印　　张	10.25
字　　数	115千字
版　　次	2024年9月第1版　2024年9月第1次印刷
书　　号	ISBN 978-7-5334-9997-6
定　　价	33.00元

如发现本书印装质量问题，请向本社出版科（电话：0591-83726019）调换。